Inhalt

W0465726

Vorwort

Symbole und ihre Deutung bilden die Grundlage für jegliches religiöse Tun des Menschen. Sie vermitteln ihm einen Zugang zum Göttlichen, lassen zeichenhaft erahnen, was es mit Gott auf sich hat. Deshalb dürfen sie in der religionspädagogischen Arbeit nicht fehlen.

Nachdem die vielfältigen Anregungen in den fünf Bänden der Reihe »Symbole des Lebens – Symbole des Glaubens« (1992–1997) große Resonanz erfahren haben, wurde der Wunsch geäußert, zu diesen Symbolen auch ganz konkrete Arbeitsblätter für den Religionsunterricht in der Grundschule bereitzustellen.

Diesem Wunsch wird mit dem ersten Arbeitsheft zum Symbolkreis »Licht« entsprochen. Es widmet sich allen Symbolen, die in Verbindung zum Ursymbol »Licht« stehen, also *Licht / Kerze, Sonne, Stern, Regenbogen, Feuer*. Da der Lichtsymbolik in der Weihnachts- und Osterzeit besondere Bedeutung zukommt, werden die speziell auf die Feste *Weihnachten* und *Ostern* zugeschnittenen Arbeitsmaterialien in gesonderten Abschnitten zusammengestellt. Im Materialteil bietet das Arbeitsheft Arbeitsblätter mit Geschichten, Rätseln, Bastel- und Ausmalvorlagen, Liedern usw., im Kommentarteil Gestaltungsvorschläge, Anregungen und Erläuterungen zu jedem Arbeitsblatt.

Der Auswahl der biblischen Texte und der Themen wurden die Richtlinien für Katholischen Religionsunterricht an Grundschulen zugrunde gelegt. Eine Entscheidung, in welchem Schuljahr die einzelnen Arbeitsblätter eingesetzt werden, bleibt jeder Lehrerin / jedem Lehrer selbst überlassen.

Ich wünsche allen, die sich mit der Weitergabe des Glaubens in Religionsunterricht und Katechese beschäftigen, viel Mut und Durchhaltevermögen und hoffe, mit diesem Arbeitsheft zu Symbolen (weitere sind in Vorbereitung) einen Beitrag für einen lebendigen Religionsunterricht an der Grundschule zu leisten.

Elsbeth Bibler

A 1

Licht (Assoziationen)

Schreibe oder male um die Kerze herum, was dir zum Thema »Licht« einfällt.

A 2

Licht breitet sich aus

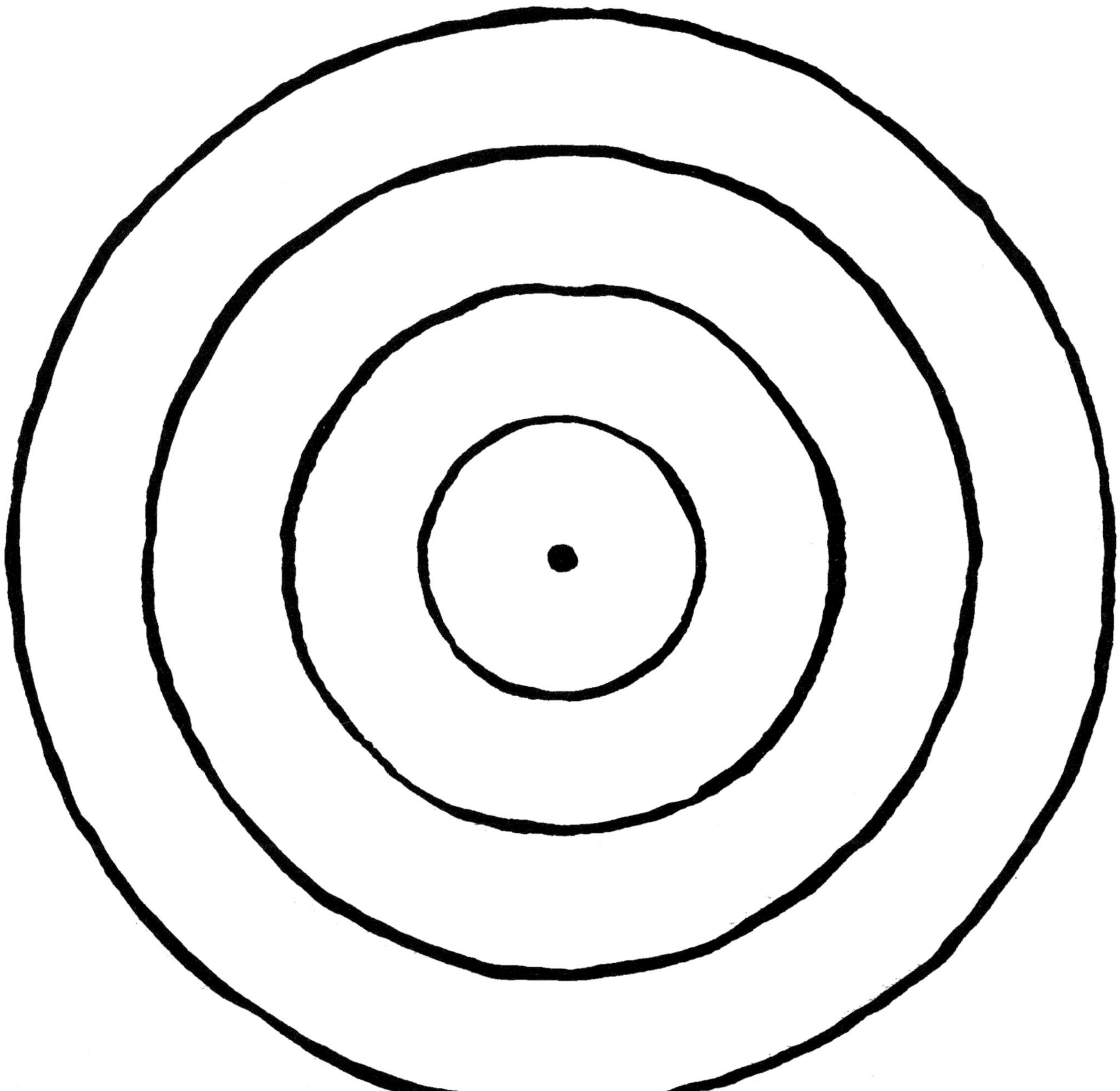

Male die Kreise in den Farben Rot – Orange – Gelb so aus, dass sie nach außen hin immer heller werden.

A 3

Das Lebenslicht

T _ _ _ _ G _ _ _ _ _ _ _ _ _ E _ _ _ _ _ _ _ _ _ _ _ _

H _ _ _ _ _ _ _ G _ _ _ _ _ _ _ _ _ _ _

O _ _ _ _ _ A _ _ _ _ _ W _ _ _ _ _ _ _ _ _ _

Setze die richtigen Worte ein:
TAUFE / HOCHZEIT / GEBURTSTAG / GOTTESDIENST / ERSTKOMMUNION / OSTERN / ADVENT / WEIHNACHTEN

A 4

Gott erschafft das Licht

Im Anfang schuf Gott Himmel und Erde; die Erde aber war wüst und wirr, Finsternis lag über der Urflut und Gottes Geist schwebte über dem Wasser.
Gott sprach: Es werde Licht. Und es wurde Licht. Gott sah, dass das Licht gut war. Gott schied das Licht von der Finsternis, und Gott nannte das Licht Tag und die Finsternis nannte er Nacht. Es wurde Abend und es wurde Morgen: erster Tag.
Dann sprach Gott: Ein Gewölbe entstehe mitten im Wasser und scheide Wasser von Wasser. Gott machte also das Gewölbe und schied das Wasser unterhalb des Gewölbes vom Wasser oberhalb des Gewölbes. So geschah es, und Gott nannte das Gewölbe Himmel. Es wurde Abend und es wurde Morgen: zweiter Tag ...
Dann sprach Gott: Lichter sollen am Himmelsgewölbe sein, um Tag und Nacht zu scheiden. Sie sollen Zeichen sein und zur Bestimmung von Festzeiten, von Tagen und Jahren dienen; sie sollen Lichter am Himmelsgewölbe sein, die über die Erde hin leuchten. So geschah es. Gott machte die beiden großen Lichter, das größere, das über den Tag herrscht, das kleinere, das über die Nacht herrscht, auch die Sterne. Gott setzte die Lichter an das Himmelsgewölbe, damit sie über die Erde hin leuchten, über Tag und Nacht herrschen und das Licht von der Finsternis scheiden. Gott sah, dass es gut war. Es wurde Abend, und es wurde Morgen: vierter Tag.

Genesis 1

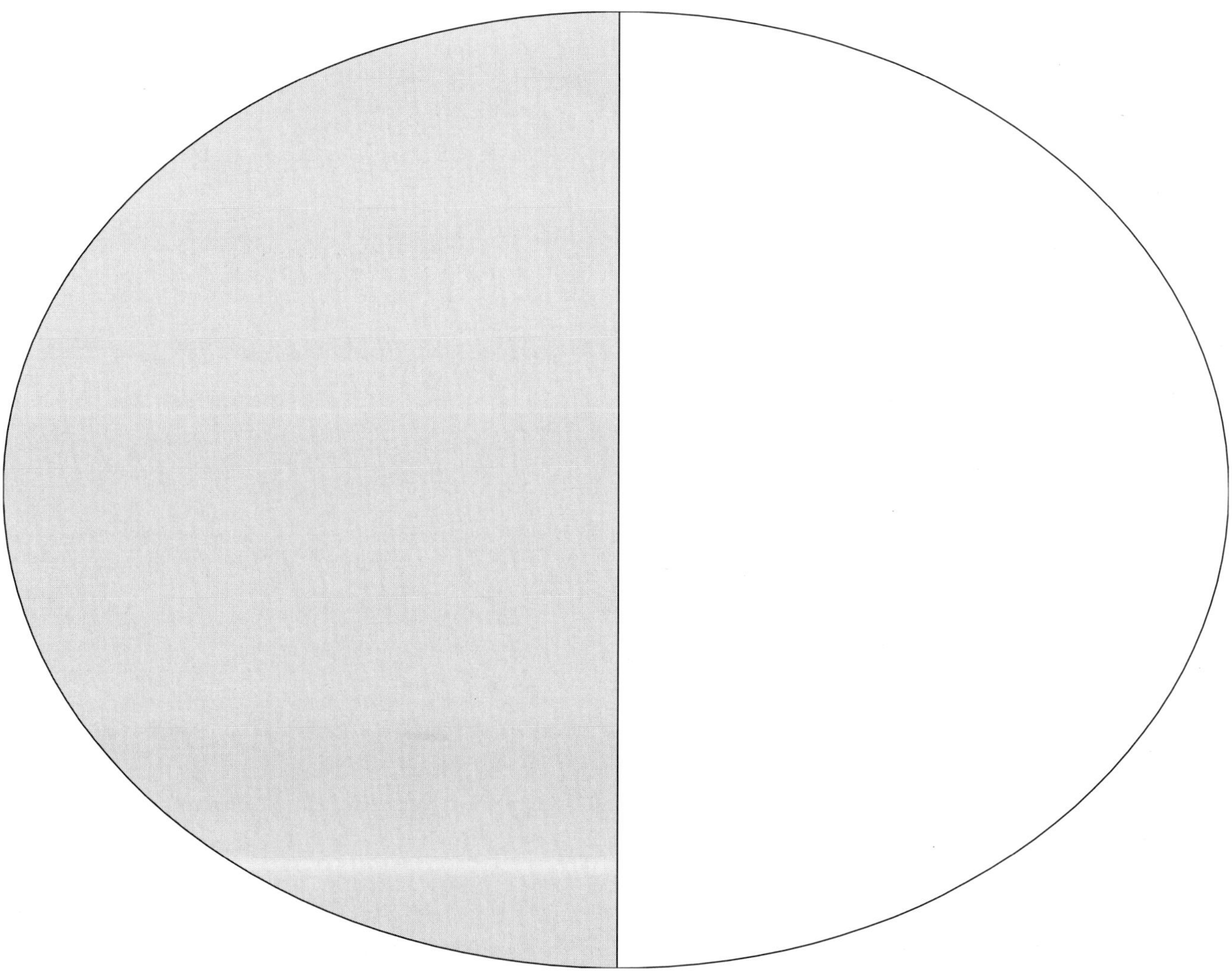

Male hier die Nacht mit ihren Lichtern.

Male hier den Tag mit seinem Licht.

A 5

Gäbe es kein Licht

T: Rolf Krenzer M: Detlev Jöcker

Male in den Kasten alle Dinge, von denen das Lied erzählt und die vom Licht leben.

A 6

**Die Licht-
laterne**

A 7

Licht sein

- Male in die beiden Kreise Dinge oder Lebewesen, die Licht brauchen.
- Sprecht über eure Bilder.

Jesus sagt:

____

das Licht der Welt.

Jesus sagt:

____

das Licht der Welt.

- Setze die Worte »Ich bin« und »Ihr seid« in die beiden freien Zeilen ein.
- Male Lichtstrahlen um die beiden Kreise.
- Erzählt einander, wann Jesus Licht für die Menschen in seiner Zeit war.
- Überlegt, wie ihr Licht für andere Menschen sein könnt.

A 8

Die Halle der Welt mit Licht erfüllen

Es war einmal ein König, der hatte zwei Söhne. Als er alt wurde, wollte er sie auf die Probe stellen. Dem Weiseren von beiden wollte er sein Reich und die Herrschaft übertragen. Er rief seine Söhne zu sich, gab jedem fünf Silberstücke und sagte: »Für dieses Geld sollt ihr die Halle meines Schlosses bis zum Abend füllen. Womit, das ist eure Sache.«

Der älteste Sohn ging davon. Er kam an einem Feld vorbei, auf dem gerade gedroschen wurde. Das Stroh lag nutzlos herum. Er dachte sich: Mit diesem nutzlosen Zeug werde ich die Halle schnell bis zum Abend gefüllt haben! Zusammen mit den Feldarbeitern setzte er diesen Gedanken in die Tat um. Als die Halle voll war, ging er zu seinem Vater und sagte: »Du kannst mir die Herrschaft übertragen, denn es ist noch nicht Abend und ich habe die Halle schon gefüllt!« Der Vater sagte: »Es ist noch nicht Abend. Ich werde warten.«

Am Abend kam der jüngere Sohn nach Hause. Die Halle wurde vom Stroh geleert, damit er sie nun füllen konnte. Er ging in die Mitte der Halle, stellte eine Kerze dorthin und zündete sie an. Der Schein füllte die dunkle Halle bis in den letzten Winkel hinein. Der Vater sagte: »Du sollst mein Nachfolger sein. Dein Bruder hat fünf Silberstücke ausgegeben, um die Halle mit diesem nutzlosen Zeug anzufüllen. Du hast nicht einmal ein Silberstück gebraucht und hast sie mit Licht erfüllt. Du hast sie mit dem gefüllt, was die Menschen am notwendigsten brauchen.«

Volksgut

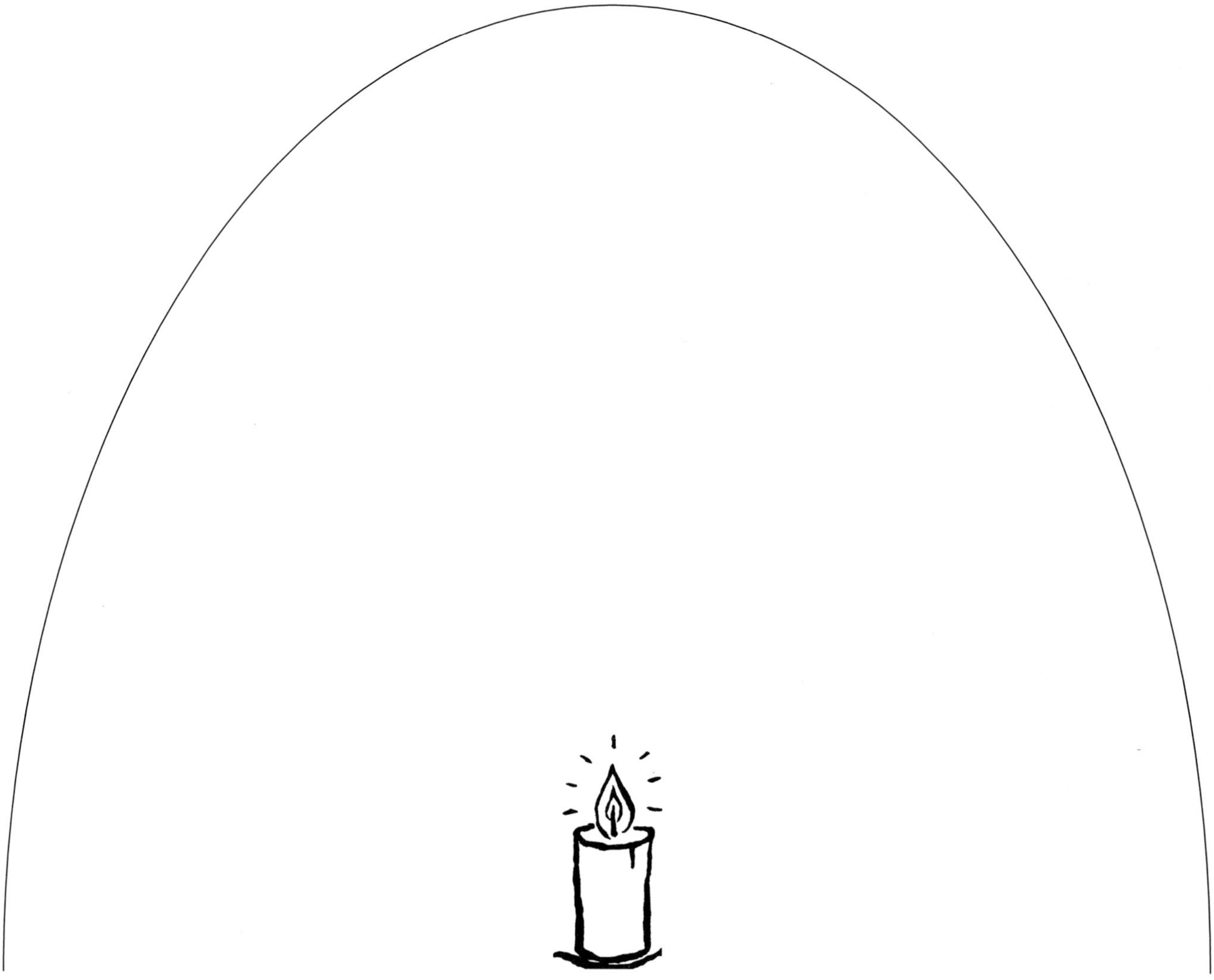

A 9

Tragt in die Welt nun ein Licht

2. Tragt zu den Kranken ein Licht ...
3. Tragt zu den Kindern ein Licht ...
4. Tragt zu den Alten ein Licht ...

T und M: Wolfgang Longardt

Malt in die Kästchen, wie ihr Licht zu den Menschen bringt.

A 10

Lichträtsel

1 Erleuchteter Baum am Weihnachtsfest

2 Das Gegenteil von Finsternis

3 Das Gegenteil von Nacht

4 Wie heißt das Osterlicht?

5 Er leuchtet in der Nacht.

6 Sie stehen in der Nacht am Himmel.

7 Er entsteht durch Sonnen und Regen.

8 Sie macht den Tag hell.

9 Wie viele Kerzen brennen am Adventskranz?

A 11

Sonne (Mandala)

A 12

Der Tageslauf der Sonne

Kanon

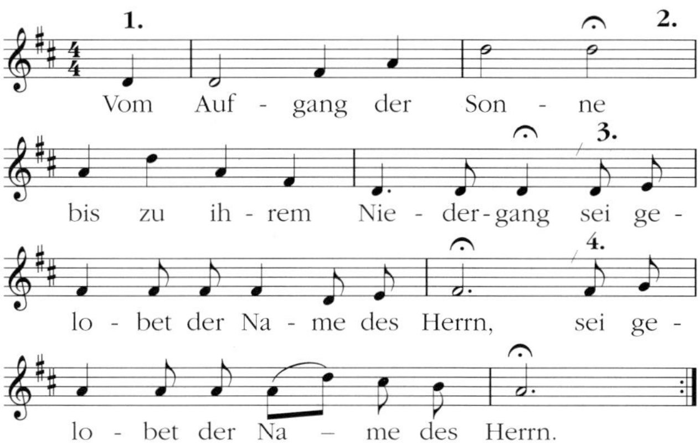

T: Psalm 113,3 M: Paul Ernst Ruppel

Tanz

1. Teil:
Wir beschreiben langsam, von unten nach oben mit den Armen den Aufgang der Sonne.

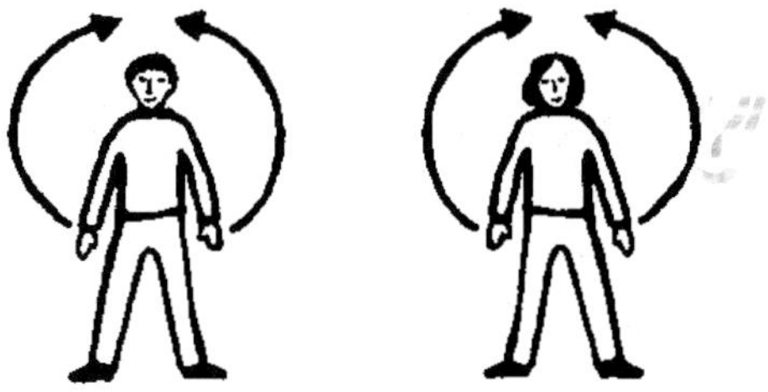

2. Teil:
Wir beschreiben mit den Armen von oben nach unten den Niedergang der Sonne.

3. Teil:
Wir heben die Arme mit den Handflächen nach oben geöffnet.

4. Teil:
Wir drehen uns nach links um uns selbst.

A 13

Sonne (Text)

Du liegst im Gras.
Die Mücken summen und eine Amsel baut in der Hecke ein Nest.
Der Himmel verschwimmt über dir.
Blau, grenzenlos, weit.
Du streckst deine Beine, deine Arme hinauf, möchtest fliegen, grenzenlos, weit.
Du weißt, dort draußen sind Sterne, Planeten, Milchstraßen, andere Sonnen.
Und da ist unsere Sonne, sie hat dir den Boden angewärmt wie ein Bett.
Du stehst auf und gehst rüber zu dem alten Bauernhaus. Die Balken haben breite Risse. Von Sonne und Regen, seit hundert Jahren. Unter dem Dach kleben Schwalbennester.
Leg dein Ohr ans Scheunentor.
Du hörst die Tiere. Die Kette schlurft am Futtertrog entlang. Gleichmäßig atmen die Tiere.
Bläulich kringelt der Rauch aus dem Schornstein, vermischt sich und verliert sich in der unendlichen Bläue des Sommertages. Zieh dein Hemd aus und halte dein Gesicht unter den frischen Wasserstrahl des Brunnens.
Zieh deine Schuhe aus und geh langsam über die warme Erde den Feldweg entlang.
Es duftet nach Kamille und Salbei. Bleib stehn.
Nimm ein Stück Erde auf und zerbrösel es zwischen den Händen. Sieh dem Staub nach, den der warme Wind zwischen die reifen Maisfelder weht.
Und jetzt mach aus deinen Armen einen großen Kreis und halt ihn der Sonne entgegen. Mach deine Augen dabei zu, spür bloß die Wärme.
Und atme tief den Geruch der Erde und der Maisblätter. Bleib so lang wie möglich draußen zwischen den Feldern. Geh erst zurück, wenn die Sonne verglüht ist und hinter dem Wald verschwindet.
Geh zurück und erzähl, was du erlebt hast.

Frieder Stöckle

Male hier die Dinge hinein, die dir beim Hören der Geschichte vorgestellt hast.

A 14

Kannst du mir Gott zeigen?

»Kannst du mir Gott zeigen?«
»Vielleicht ist es mit Gott wie mit der Sonne.«
»Wie ist es denn mit der Sonne?«
»Nun, du weißt ja: Die Sonne geht am Morgen auf und macht es hell und warm bei uns. Blumen und Bäume, Tiere und Menschen können leben, weil sie da ist. Ohne Sonne würde alles Leben erstarren.«
»Aber immer scheint die Sonne auch nicht.«
»Selbst wenn dunkle Wolken über uns sind und den Tag grau machen:
Über den Wolken strahlt die Sonne doch. Ich denke, ähnlich ist es mit Gott.«
»Aber nie können wir Gott sehen, auch nicht an hellen Tagen.«
»Nicht mit den äußeren Augen. Wer Gott sehen will, muss seine inneren Augen öffnen ...«

Hubertus Halbfas

- Schreibe in die Mitte der Sonne das Wort »GOTT«.
- Schreibe an die Strahlen der Sonne, wie wir Gott beim Beten anreden.

A 15

Heilige sind Menschen, durch die die Sonne scheint

Die Mutter sagte nichts, sondern nahm Günter bei der Hand und ging mit ihm in die Kirche hinein. Hier waren die Fenster, die von außen ganz grau und schmutzig aussahen, plötzlich strahlend bunt und leuchteten in den hellsten Farben. Da staunte Günter und er schaute sich die Fenster genau an. Vorn über dem Altar war ein auffallend schönes Fenster zu sehen – mit vielen Heiligenfiguren. Und durch eine Figur strahlte gerade die Sonne hindurch, so dass sie besonders hell war. Günter fragte: »Mutti, wer ist das?«
»Da vorn«, antwortete die Mutter, »das ist ein Heiliger, der heilige Martin.« Das hatte sich Günter gut gemerkt.
Ein paar Tage später hatte die Klasse Religionsunterricht. Plötzlich fragte der Lehrer: »Wer von euch kann mir sagen, was ein Heiliger ist?«
Da war großes Schweigen in der Klasse. Nur Günter zeigte auf und sagte: »Ich weiß es, ein Heiliger, das ist ein Mensch, durch den die Sonne scheint.«

Heinrich Engel

Heiligenrätsel

- Zu welchen Heiligen gehören die Bilder?
- Trage die Namen in die richtigen Kästchen ein.

A 16

Heilige (Transparentbilder)

Der heilige Martin

Die Bilder so ausschneiden, dass die schwarzen Stege stehen bleiben. Dann mit buntem Transparentpapier hinterkleben.

Der heilige Franziskus

A 17

Stern (Mandala)

A 18

Faltstern

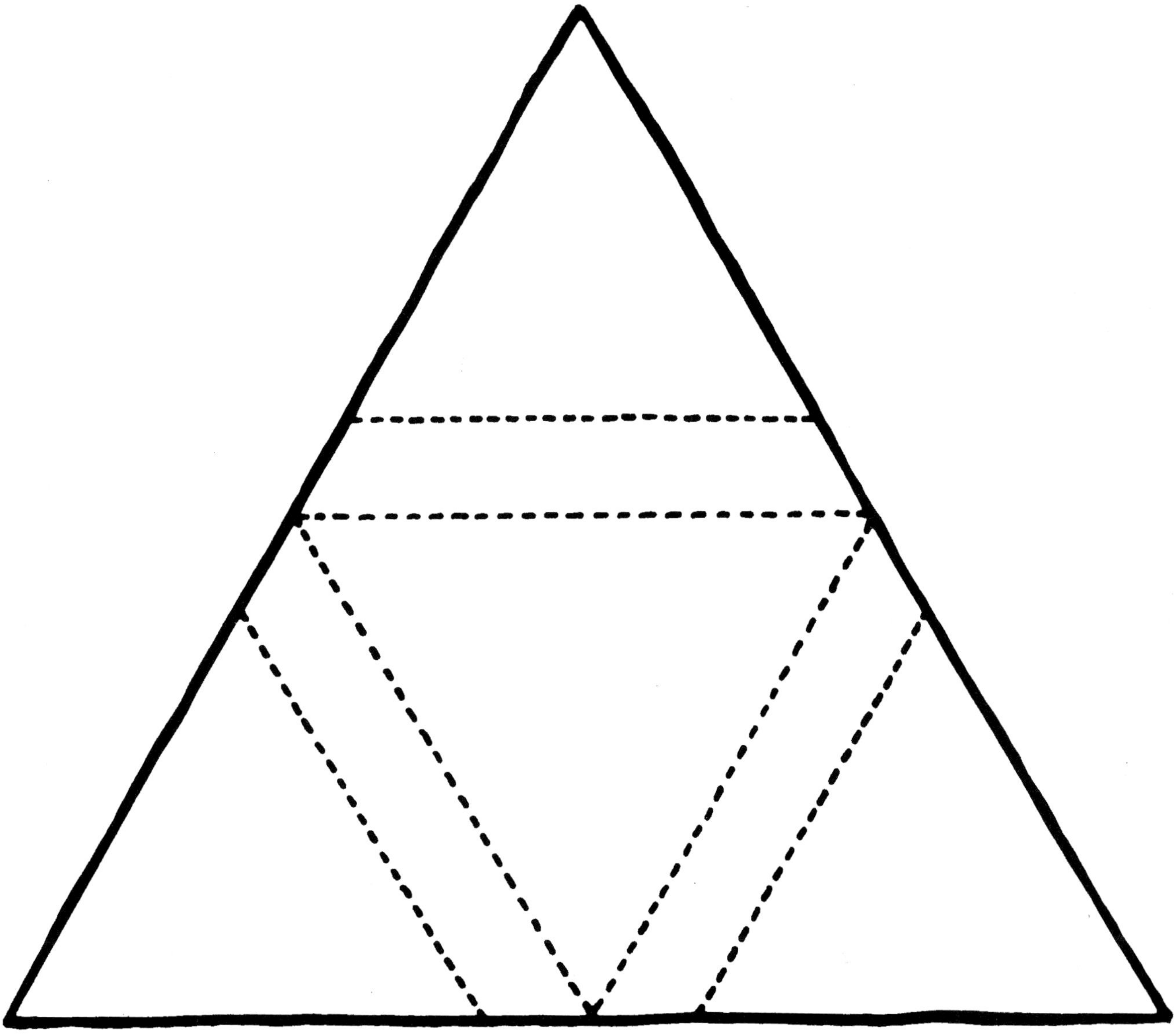

- Bastelanleitung: Übertrage den Umriss des Dreiecks auf buntes Tonpapier. Knicke das Papier an den gestrichelten Linien entlang zweimal nach innen. Der kleine Stern ist fertig.
- Du kannst in die Mitte hinein ein kleines Teelicht stellen und ihn jemand schenken, den du gern hast.
- Du kannst in die Mitte hineinschreiben, was du dir für die nächste Zeit Gutes vornimmst, damit auch dein Lebensstern hell leuchtet.
- Überlege selbst weiter, was du noch mit dem Stern tun kannst.

A 19

Sterne leuchten am Himmel

Gemeinsames Spiel

Alle sitzen im Kreis. Eine/r erzählt und macht dabei die Bewegungen vor, die alle mitvollziehen:

Der Himmel wölbt sich über das Land.
Mit beiden Armen einen großen Halbkreis beschreiben.

Sterne funkeln dort oben.
Mit erhobenen Armen in der Luft mit den Fingern das Funkeln der Sterne nachahmen.

Die Sterne erleuchten die Nacht.
Eine/r zündet ein Teelicht auf einem Stern-Kerzenständer an und gibt das Licht nach und nach weiter, bis alle ein solches Licht halten.

Die Sterne ziehen am Himmel hin.
Zu ruhiger Musik wandern nun alle mit ihren Teelichtern durch den Raum. Am Ende der Musik setzen sich alle hin und löschen die Lichter.

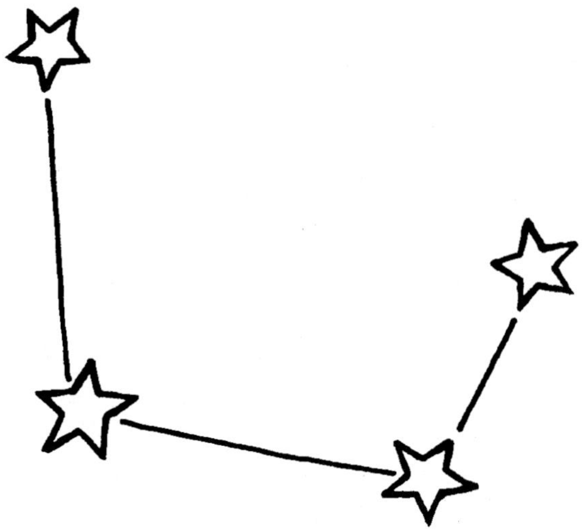

Sternbild: Waage

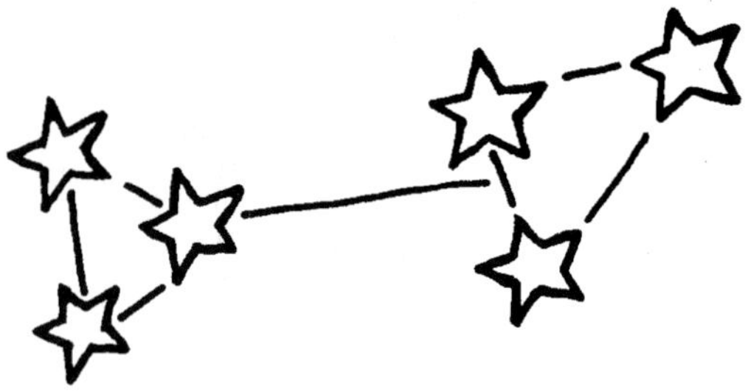

Sternbild: Widder

Kanon

T: Rolf Krenzer M: Ludger Edelkötter

Kleine Erde

Die Welt ist groß.
Die Erde ist bloß ganz klein.
Sieh in den Himmel hinein,
wenn es klar ist und dunkel:
Das Sternengefunkel
erzählt dir von Weiten
und Ewigkeiten.

Michael Kumpe

Sternbild: Großer Wagen

A 20

Sterntaler

Es war einmal ein kleines Mädchen, dem waren Vater und Mutter gestorben, und es war so arm, dass es kein Kämmerchen mehr hatte, darin zu wohnen, und kein Bettchen mehr, darin zu schlafen, und endlich gar nichts mehr als die Kleider auf dem Leib und ein Stückchen Brot in der Hand, das ihm ein mitleidiges Herz geschenkt hatte. Es war aber gut und fromm. Und weil es von aller Welt verlassen war, ging es im Vertrauen auf den lieben Gott hinaus ins Feld.

Da begegnete ihm ein armer Mann, der sprach: »Ach, gib mir etwas zu essen, ich bin so hungrig.« Es reichte ihm das ganze Stückchen Brot und sagte: »Gott segne dir's«, und ging weiter.

Da kam ein Kind, das jammerte und sprach: »Es friert mich so an meinem Kopfe, schenk mir etwas, womit ich ihn bedecken kann.« Da tat es seine Mütze ab und gab sie ihm.

Und als es noch eine Weile gegangen war, kam wieder ein Kind und hatte kein Leibchen an und fror. Da gab es ihm seins; und noch weiter, da bat eins um ein Röcklein, das gab es auch von sich hin.

Endlich gelangte es in einen Wald, und es war schon dunkel geworden; da kam noch eins und bat um ein Hemdlein, und das fromme Mädchen dachte: Es ist

dunkle Nacht, da sieht dich niemand, du kannst wohl dein Hemd weggeben, und zog das Hemd ab und gab es auch noch hin.

Und wie es so stand und gar nichts mehr hatte, fielen auf einmal die Sterne vom Himmel und waren lauter blanke Taler – und ob es gleich sein Hemdlein weggegeben, so hatte es ein neues an, und das war vom allerfeinsten Leinen. Da sammelte es sich die Taler hinein und war reich für sein Lebtag.

Brüder Grimm

Schreibe in die Sterne hinein, was das Kind verschenkt.

A 21

Regenbogen (Mandala)

Male die äußeren Streifen in den Farben des Regenbogens. Von außen nach innen: Rot – Orange – Gelb – Grün – Türkis – Blau – Lila.

A 22 Farbeinfälle

Rot

Orange

Gelb

Grün

Türkis

Blau

Lila

- Male die Kreise in den angegebenen Farben aus.
- Male in das Feld daneben in den gleichen Farben die Dinge, die dir dazu einfallen.

A 23

Der Regenbogen (Text / Fragen)

»Siehst du den Regenbogen?«
»Ja, der ist fein.«
»Du meinst die Farben.«
»Ja, und dass er auf einmal da ist.«
»Gleich ist er wieder weg.«
»Warum?«
»Weil die Sonne verschwindet.«
»Meinst du?«
»Oder weil der Regen aufhört.«
»Kannst du den Regenbogen nicht festhalten?«
»Nein, das kann ich nicht.«
»Geht der Regenbogen auch unter der Erde weiter?«
»Nein, dort gibt es keine Sonne und keinen Regen.«
»Bist du ganz sicher?«
»Da bin ich ganz sicher.«
»Eigentlich bin ich froh, dass man den Regenbogen nicht festhalten kann.«
»Warum?«
»Da kann er kommen und gehen, wann er will.«
»Schau, jetzt ist er weg.«
»Als ob er's gehört hätte.«

Kurt Hock

- Lest den Text zu zweit im Wechsel laut vor.
- Lies die folgenden Fragen gut durch und versuche sie zu beantworten.

Stell dir einen Regenbogen vor.
Was siehst du?

Schreibe die Reihenfolge der Regenbogenfarben, wie sie beim Regenbogen zu sehen sind auf:

Was braucht ein Regenbogen, damit er zu sehen ist?

In der Bibel wird vom Regenbogen erzählt.
Was bedeutet er dort?

A 24 Gottes guter Regenbogen

Nachdem sich das viele Wasser von der Erde zurückgezogen hatte, lebte nur noch Noah mit seiner Familie und den Tieren in der Arche. Als das Land trocken war, verließen sie das Schiff. Noah baute einen Altar aus Steinen und dankte Gott für die Rettung. Da sprach Gott zu Noah und den Menschen, die bei ihm waren: »Hiermit schließe ich meinen Bund mit euch und mit euren Nachkommen und mit allen Tieren und Lebewesen, die mit euch aus der Arche gekommen sind: Nie wieder soll eine Flut kommen und die ganze Erde verderben. Ich gebe euch ein Zeichen, damit ihr mein Versprechen nie vergesst: Ich setze meinen Bogen in die Wolken. Er soll das Bundeszeichen sein zwischen mir und der Erde. Wenn Wolken und Sonne am Himmel sind und der bunte Bogen erscheint, dann denke ich an euch und an mein Versprechen, das ich euch gegeben habe.«

Nach Genesis 9

2. Ein bunter Regenbogen
ist übers Land gezogen.
Und alle blieben stehn,
um ihn sich anzusehn.

3. Ein bunter Regenbogen
ist übers Land gezogen,
damit ihr's alle wisst,
dass Gott uns nicht vergisst.

T: Rolf Krenzer M: Peter Janssens

A 25

Die anderen Brücken

»Du hast einen schönen Beruf«, sagte das Kind zum alten Brückenbauer, »es muss sehr schwer sein, Brücken zu bauen.«
»Wenn man es gelernt hat, ist es leicht«, sagte der alte Brückenbauer, »es ist leicht, Brücken aus Beton und Stahl zu bauen. Die anderen Brücken sind sehr viel schwieriger«, sagte er, »die baue ich in meinen Träumen.«
»Welche anderen Brücken?«, fragte das Kind.
Der alte Brückenbauer sah das Kind nachdenklich an. Er wusste nicht, ob es verstehen würde. Dann sagte er: »Ich möchte eine Brücke bauen von der Gegenwart in die Zukunft. Ich möchte eine Brücke bauen von einem zum anderen Menschen, von der Dunkelheit in das Licht, von der Traurigkeit zur Freude. Ich möchte eine Brücke bauen von der Zeit in die Ewigkeit über alles Vergängliche hinweg.«
Das Kind hatte aufmerksam zugehört. Es hatte nicht alles verstanden, spürte aber, dass der alte Brückenbauer traurig war. Weil es ihn wieder froh machen wollte, sagte das Kind: »Ich schenke dir meine Brücke.« Und das Kind malte für den Brückenbauer einen Regenbogen.

Anne Steinwart

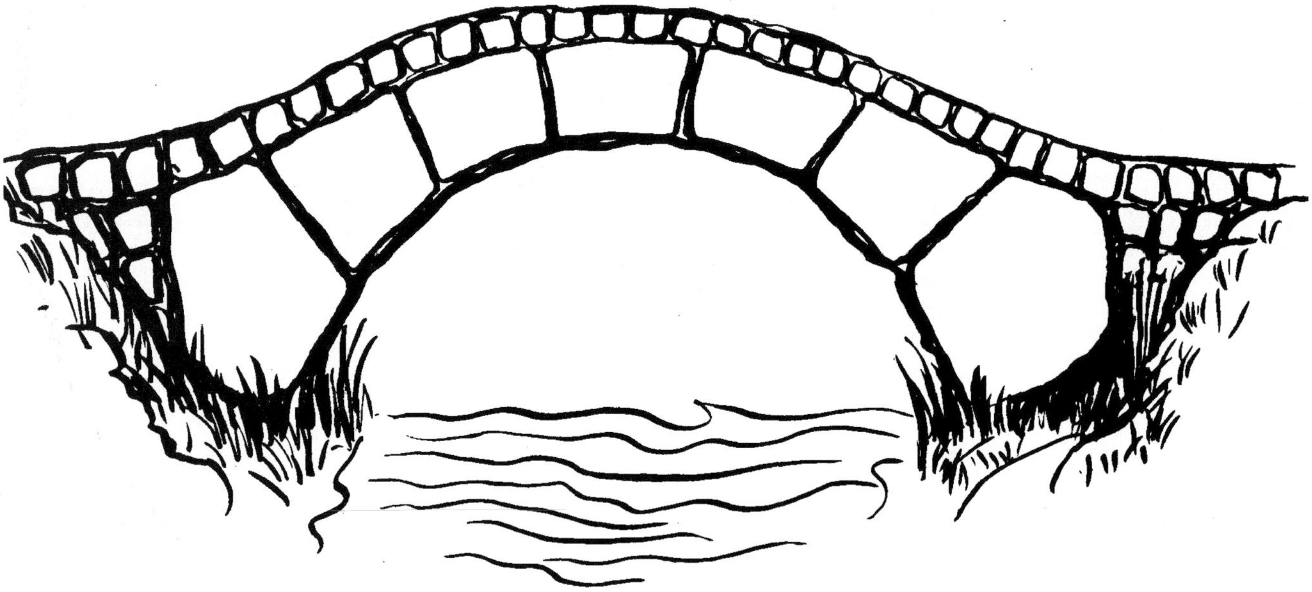

- Schreibe in die großen Brückensteine, welche Brücken du in deinen Träumen oder in deinem Leben jetzt schon bauen kannst.
- Male die Steine der Reihenfolge nach in den Farben des Regenbogens bunt: Rot – Orange – Gelb – Grün – Türkis – Blau – Lila.

A 26

Feuer (Mandala)

A 27

Feuer (Texte)

Feuer

Wir sind unterwegs mit Rucksack und Zelt. Wir lassen uns nach langem Tag nieder zur Rast. Dämmerung fällt ein – ein lauer Sommerabend. Alle sind müde geworden. Und doch, obwohl die Beine schwer geworden sind und der Hunger groß, machen sich einige auf und sammeln Holz. Sobald das Feuer entfacht ist, lassen sich alle bei ihm nieder. Es ist, als flammte mit der ersten Flamme das Leben nochmals mächtig auf. Im Holzstoß funkt und knistert und kracht es wie in einem Bündel voller Leben. Wir fangen zu singen an, ausgelassen, übermütig. Unsere Melodie wird geführt und geschürt durch das lodernde Feuer.
Allmählich wird es ruhiger. Das Singen verstummt. Alle Augen blicken in dieselbe Richtung, ins Feuer. Wir rücken zusammen und verspüren die Verbundenheit, die der Tag wachsen ließ, und die Wärme, die vom Feuer ausgeht. Dem Feuer nahe, kommen wir uns einander nahe.
Die Flamme ist voller Durst. Wie eine Schlange züngelt sie nach oben, unruhig, unersättlich. Sie leckt und verzehrt in Leidenschaft alles, was sie ergreifen kann. Zur Auflösung bringt sie, was sie erreichen kann. In Schutt und Asche wird verwandelt, was dem Flammentod anheim fällt. Voller Leidenschaft, voller Drohung, voller Unruhe ist das Feuer. Schwer ist es zu bändigen.
In den Augenblicken des Schauens und Horchens spüren wir es. Zwei Seiten hat das Feuer. Es ist Element, das Licht und Wärme bringt, das Leben spendet. Es ist aber auch das Unheimliche, Bedrohliche, Zerstörende, die Gewalt der Feuersbrunst, die Verderben sät und in Schutt und Asche legt.
Was aber Bestand hat im Feuer ist geläutert, wird unzerstörbar.

Hanni Neubauer

Die Kochstelle

In unserer Kochecke brennt das Kochfeuer.
Wir heizen mit Kohle oder Holz. Es duftet und raucht.
Im Kessel bruzzelt das Essen oder Wasser für Tee oder zum Waschen.
Uns macht es Spaß, draußen zu kochen.
Aber viele Menschen sind dazu gezwungen, weil sie weder Haus noch Herd haben.
Gott, gib ihnen Holz und Nahrung und ein festes Haus. Amen.

Das Feuer

Unsere Feuerstelle ist ein Kreis von Steinen.
Feuer ist ein gefährliches Element, deshalb die Steine, die es umgrenzen.
Die nicht lebendigen Steine hüten das Leben spendende Feuer. Es strahlt Licht, Wärme und Geborgenheit aus und in wilderen Gegenden schützt es vor wilden Tieren.
Wir versammeln uns um das Feuer, um zu erzählen und zu singen. Wenn wir Nachtwache haben, wird es zum Wachfeuer.
Gott, wir danken dir für unsere Gemeinschaft und für das Feuer in unserer Mitte. Amen.

Jungpfadfinder, Schwerte

A 28 Gott sagt: Ich bin da!

Mose lebte in der Wüste. Er war ein Mann aus dem Volk Israel. Vor langer Zeit war er aus Ägypten geflohen. Dort lebte sein Volk in Not und Unterdrückung. Mose hatte es nicht mehr ausgehalten. Er konnte nicht helfen. Jetzt lebte er schon vierzig Jahre in der Wüste. Er weidete Schafe. Weit musste er umherwandern, damit er etwas Gras für seine Tiere fand. In der Wüste war es heiß und einsam.

Eines Tages sah Mose in der Ferne ein Feuer brennen. Neugierig ging er darauf zu. Da bemerkte er etwas Seltsames: Da stand ein Dornbusch in hellen Flammen, aber die Zweige verbrannten nicht. Mose ging immer näher an das seltsame Feuer heran. Da hörte er rufen: »Mose, Mose!« Mose schaute sich um. Jemand rief ihn, aber es war weit und breit kein Mensch zu sehen. Und wieder redete eine Stimme: »Zieh deine Schuhe aus! Der Ort, auf dem du stehst, ist heiliger Boden.« Da begriff Mose: Hier spricht Gott aus dem Dornbusch zu mir. Er zog seine Schuhe aus, warf sich auf den Boden und verbarg sein Gesicht, denn Gott ist so wunderbar und groß, dass kein Mensch ihn ansehen kann.

Und Gott sprach weiter zu Mose: »Mose, führe mein Volk Israel aus der Gefangenschaft Ägyptens in die Freiheit.« Mose antwortete: »Aber, Herr, der König Ägyptens wird mich töten und mein Volk wird mir nicht glauben.« Gott antwortete dem Mose: »Fürchte dich nicht, denn ich bin mit dir.« Mose sagte: »Sag mir deinen Namen, damit ich ihn meinem Volk nennen kann.« Gott antwortete: »Sag deinem Volk: Der Ich-bin-da schickt mich zu euch. Denn ich, Jahwe, euer Gott, werde immer bei euch sein.« Da stand Mose auf und ging nach Ägypten, um sein Volk in die Freiheit zu führen, wie Gott es ihm gesagt hatte.

Nach Exodus 3

Gott sagt seinen Namen:

____

Schreibe den Namen Gottes in die freie Zeile.

A 29

Feuerzungen

Die Freunde und Freundinnen Jesu und seine Mutter waren immer noch an dem Ort, an dem sie sich verborgen hatten. Es war die Zeit, an der das Pfingstfest stattfand. Immer noch hatten sie Angst vor ihren Verfolgern. Gott hatte den Beistand, den Heiligen Geist noch nicht gesandt, auf den sie warteten.
Da geschah es plötzlich: Vom Himmel her kam ein gewaltiges Brausen, so wie ein heftiger Sturm. Das ganze Haus war voll davon. Und dann sahen sie: Über jedem und jeder von ihnen war etwas wie kleine Flammen, wie Zungen von Feuer. Der Heilige Geist Gottes erfüllte alle mit Mut und Kraft. Alle Angst war weg. Sie begannen die Frohe Botschaft vom Reich Gottes zu verkünden. Sie gingen hinaus.
Weil es das Pfingstfest der Juden war, waren Menschen aus allen Ländern der Erde in Jerusalem versammelt. Jeder hatte eine andere Sprache. Die Freunde Jesu begannen zu ihnen vom Reich Gottes zu sprechen und von Jesus. Und da geschah das Unglaubliche: Alle, die da waren, verstanden, was die Freunde Jesu sagen wollten. Viele staunten und waren begeistert. Andere aber sagten: Die sind betrunken vom vielen Wein. Aber an diesem Tag kamen viele Menschen zur Gemeinschaft der Christen hinzu. Die Kirche, die Gemeinde, die Gemeinschaft der Christen hatte begonnen.

Nach Apostelgeschichte 2

A 30

Feuerflamme und Holzscheit

A 31

Die vier Kerzen

Vier Kerzen brannten am Adventskranz. Es war ganz still. So still, dass man hörte, wie die Kerzen zu reden begannen. Die erste Kerze seufzte und sagte: »Ich heiße *Friede*. Mein Licht leuchtet, aber die Menschen halten keinen Frieden, sie wollen mich nicht.« Ihr Licht wurde immer kleiner und verlosch schließlich ganz.
Die zweite Kerze flackerte und sagte: »Ich heiße *Glaube*. Aber ich bin überflüssig. Die Menschen wollen von Gott nichts wissen. Es hat keinen Sinn mehr; dass ich brenne.« Ein Luftzug wehte durch den Raum und die zweite Kerze war aus.
Leise und sehr traurig meldete sich nun die dritte Kerze zu Wort. »Ich heiße *Liebe*. Ich habe keine Kraft mehr zu brennen. Die Menschen stellen mich an die Seite. Sie sehen nur sich selbst und nicht die anderen, die sie lieb haben sollen.« Und mit einem letzten Aufflackern war auch dieses Licht ausgelöscht.
Da kam ein Kind in das Zimmer. Es schaute die Kerzen an und sagte: »Aber; ihr sollt doch brennen und nicht aus sein!« Und fast fing es an zu weinen.
Da meldete sich auch die vierte Kerze zu Wort. Sie sagte: »Hab keine Angst, solange ich brenne, können wir auch die anderen Kerzen wieder anzünden. Ich heiße *Hoffnung*.«
Mit einem Streichholz nahm das Kind Licht von dieser Kerze und zündete die anderen Kerzen wieder an.

Elsbeth Bihler

Friede

____

____

____

Liebe

____

____

____

Glaube

____

____

____

- Lies die Geschichte.
- Überlege: Wie kann ich dafür sorgen, dass bei den Menschen wieder mehr Friede, Liebe und Glaube da sind?
- Trage deine Ideen in die Kästchen ein.

A 32

Das wachsende Licht

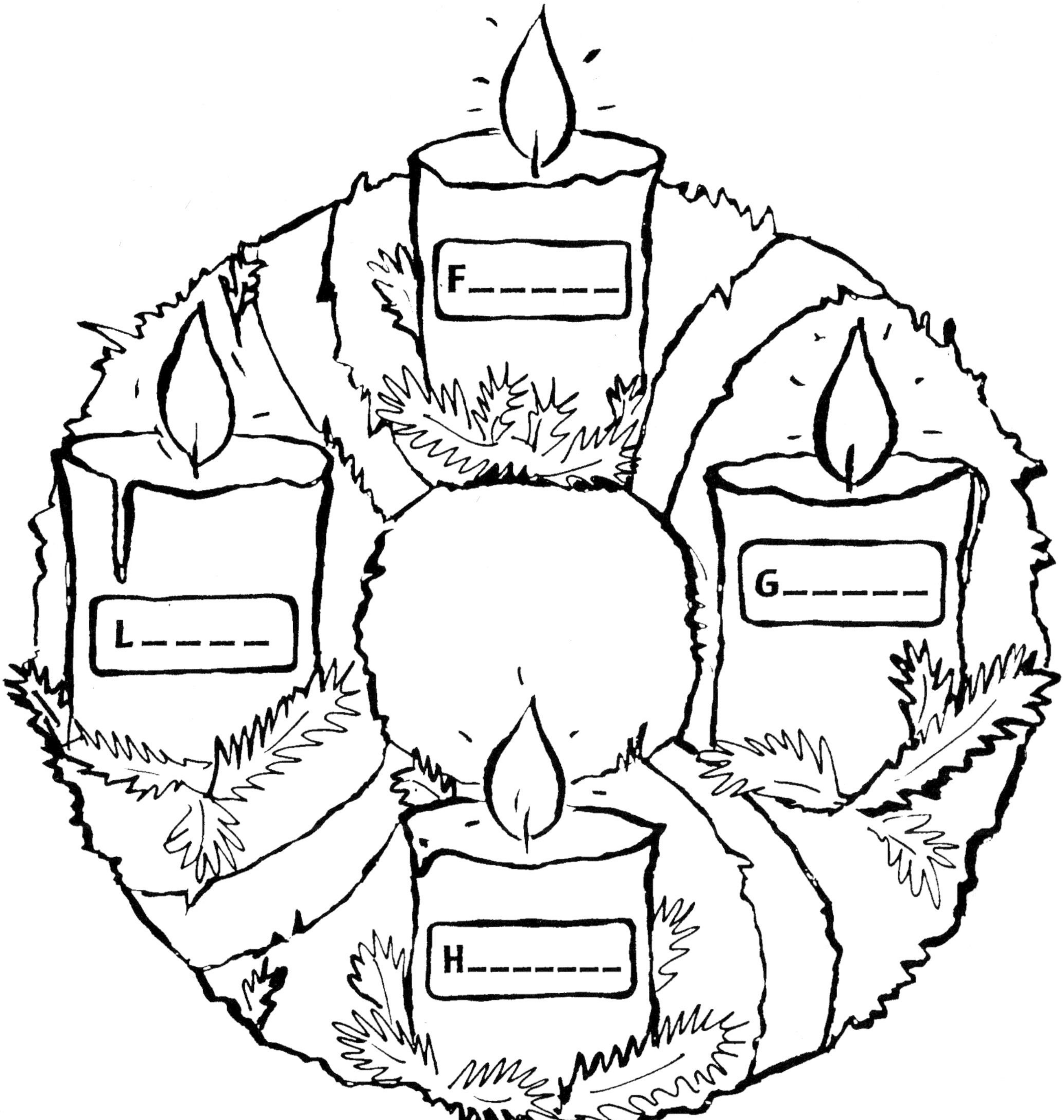

- Trage die Namen der vier Kerzen in die dafür vorgesehenen Kästchen ein.
- Male den Adventskranz bunt: Die Kerzen rot, die Zweige grün, die Schleifen lila.

A 33

Menschen im Dunkeln

Das Volk, das im Dunkeln lebt,
sieht ein helles Licht;
über denen,
die im Land der Finsternis wohnen,
strahlt ein Licht auf.
Denn uns ist ein Kind geboren,
ein Sohn ist uns geschenkt.
Seine Herrschaft ist groß
und der Friede hat kein Ende.

Jesaja 9

- Suche in Zeitungen und Zeitschriften Fotos von Menschen, die in Armut, Krankheit und Not leben.
- Klebe einige auf die Fläche unterhalb der Sonne.
- Beschreibe, warum die Menschen auf den Fotos »im Dunkeln leben«.
- Lies den Text laut vor.
- Überlege: Wer ist mit dem Kind gemeint, das uns geschenkt ist?

A 34

Der Weihnachtsbaum

In jenen Tage erließ Kaiser Augustus den Befehl, alle Bewohner des Reichs in Steuerlisten einzutragen. Da ging jeder in seine Geburtsstadt, um sich eintragen zu lassen. So zog auch Josef von der Stadt Nazaret nach Betlehem. Maria, die ein Kind erwartete, ging mit ihm. Als sie in Betlehem ankamen, wurde ihr Sohn geboren. Sie wickelte ihn in Windeln und legte ihn in eine Krippe, weil in der Herberge kein Platz für sie war. In jener Gegend hüteten Hirten auf dem freien Feld ihre Schafherden. Sie hielten Nachtwache. Da kam ein Engel, ein Bote Gottes, zu ihnen und es wurde strahlend hell vom Licht Gottes. Die Hirten fürchteten sich sehr. Der Engel aber sprach zu ihnen: »Fürchtet euch nicht, denn ich verkünde euch große Freude, die alle Menschen erfüllen soll: Heute ist euch der Retter geboren worden; er ist der Messias, der Herr. Und das soll euch als Zeichen dienen: Ihr werdet ein Kind finden, das in Windeln gewickelt in einer Krippe liegt.« Plötzlich waren bei dem Engel noch viele andere Engel, die Gott lobten und sangen: »Ehre sei Gott in der Höhe und Friede auf Erden den Menschen, die er lieb hat.« Als die Hirten wieder allein waren, sagten sie zueinander: »Kommt, wir gehen nach Betlehem, um zu sehen, was Gott uns verkünden ließ.« Und sie liefen nach Betlehem und fanden Maria und Josef und das Kind, das in der Krippe lag. Als sie es sahen, erzählten sie, was ihnen über dieses Kind gesagt worden war. Und alle, die es hörten, stauten über die Worte der Hirten. Die Hirten kehrten zurück und lobten Gott für alles, was sie gesehen und gehört hatten.

Nach Lukas 2

- Schmücke den Baum mit vielen Kerzen.
- Male ein Weihnachtsbild in ihn hinein.

A 35

Der Weihnachtsstern

A 36

Die Sterndeuter

Als Jesus geboren wurde, regierte König Herodes in Israel. Zu dieser Zeit kamen Sterndeuter, weise Männer, vielleicht Könige, aus dem Osten nach Jerusalem. Sie fragten: »Wo ist der neugeborene König der Juden? Wir haben seinen leuchtenden Stern aufgehen sehen und sind gekommen, um ihn zu grüßen.«
Als Herodes das hörte, erschrak er sehr. Ein neugeborener König? Ein anderer als er sollte König sein? Das durfte nicht sein! Er ließ alle weisen Männer seines Reichs zusammenkommen und fragte sie: »Wo soll der neue König der Juden geboren werden?« Sie antworteten ihm: »Hier in Israel, in der Stadt Betlehem in Judäa.«
Nachdem Herodes das wusste, sagte er zu den Sterndeutern: »Geht nach Betlehem und sucht den neugeborenen König der Juden. Wenn ihr ihn gefunden habt, kommt wieder zu mir und sagt es mir, damit auch ich ihn begrüßen kann.«
Bei sich aber dachte er: ›... damit ich ihn töten kann und König bleibe!‹
Die Sterndeuter machten sich auf den Weg. Der Stern, der ihnen die Geburt des neuen Königs verkündet hatte, zog vor ihnen her. Sie freuten sich sehr, als sie ihn wieder sahen. Über dem Ort, wo Jesus mit Maria und Josef war, blieb der Stern stehen. Die Sterndeuter gingen hinein und fanden das Kind. Sie fielen auf die Knie und gaben ihm Geschenke: Gold, Weihrauch und Myrrhe.
Danach zogen sie in ihre Heimat zurück, ohne noch einmal nach Jerusalem zu Herodes zu gehen. Denn im Traum hatte der Engel Gottes ihnen gesagt, dass Herodes das Kind töten wollte.

Nach Matthäus 2

Male in den Kasten ein Bild von den Sterndeutern, die dem Stern folgen.

A 37 Stern über Betlehem

Jeden Abend leuchten am Himmel viele tausend Sterne auf.
Rund sind sie.
Sie ziehen ihre Bahn.
Sie leuchten und verteilen ihre Strahlen.

Alle Mitspieler/innen sitzen in der Hocke am Boden. Sie stehen langsam auf.
Sie formen mit den Händen einen Kreis.
Sie drehen sich im Kreis.
Sie halten ihre Arme hoch.

Sie sehen immer wieder anders aus.
Schön sind sie, die Sterne in dunkler Nacht.

Sie breiten die Arme aus.
Sie erfinden verschiedene Sternformen.

Manchmal verdecken Wolken die Sterne.
Dann sieht man sie nicht.

Alle setzen sich wieder in die Hocke – bleiben etwas in Ruhestellung.

Wenn der Wind die Wolken fortbläst, kann man sie wieder sehen.
Kleine und große Sterne gibt es. Ohne zu ruhen, ziehen sie am Himmel ihre Bahn.

Nun erheben sie sich wieder. Zwei oder drei bilden zusammen einen Stern und drehen sich im Kreis.

In einer Nacht erscheint am Himmel ein ganz großer, leuchtender Stern. Wie eine Blume, wie eine Sonne leuchtet er auf. Die Menschen blicken zum Himmel auf und fragen:
Was bedeutet dieser Stern? Kommt Unheil über uns oder kommt der Himmel, der Friede auf die Erde?

Alle bilden zusammen einen Stern.
Sie gehen im Kreis.
Sie halten die Arme hoch.

Franz Kett

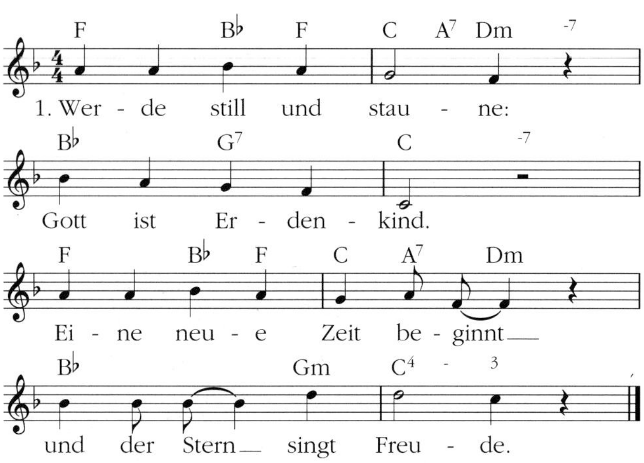

2. Werde froh und hoffe:
Gott will mit uns sein.
Alle Menschen lädt er ein
und der Stern singt Liebe.

3. Werde neu und liebe:
Gott will Retter sein,
uns aus Schuld und Angst befrein.
Und der Stern singt Friede.

T: Christa Peikert-Flaspöhler M: Chris Herbring

Schreibe in den Stern die Worte hinein, die der Stern im Lied singt.

A 38 Eine Wintergeschichte

Es war einmal ein Mann.
Er besaß ein Haus, einen Ochsen, eine Kuh, einen Esel und eine Schafherde.
Der Junge, der die Schafe hütete, besaß einen kleinen Hund, einen Rock aus Wolle, einen Hirtenstab und eine Hirtenlampe.
Auf der Erde lag Schnee. Es war kalt und der Junge fror. Auch der Rock aus Wolle schützte ihn nicht.
»Kann ich mich in deinem Haus wärmen?«, bat der Junge den Mann. »Ich kann die Wärme nicht teilen. Das Holz ist teuer«, sagte der Mann und ließ den Jungen in der Kälte stehen.
Da sah der Junge einen großen Stern am Himmel. Was ist das für ein Stern?, dachte er.
Er nahm seinen Hirtenstab, seine Hirtenlampe und machte sich auf den Weg.
»Ohne den Jungen bleibe ich nicht hier«, sagte der kleine Hund und folgte seinen Spuren.
»Ohne den Hund bleiben wir nicht hier«, sagten die Schafe und folgten seinen Spuren.
»Ohne die Schafe bleibe ich nicht hier«, sagte der Esel und folgte ihren Spuren.

»Ohne den Esel bleibe ich nicht hier«, sagte die Kuh und folgte seinen Spuren.
»Ohne die Kuh bleibe ich nicht hier«, sagte der Ochse und folgte ihren Spuren.
»Es ist auf einmal so still«, dachte der Mann, der hinter seinem Ofen saß. Er rief nach dem Jungen, aber er bekam keine Antwort. Er ging in den Stall, aber der Stall war leer. Er schaute in den Hof hinaus, aber die Schafe waren nicht mehr da.
»Der Junge ist geflohen und hat alle meine Tiere gestohlen«, schrie der Mann, als er im Schnee die vielen Spuren entdeckte.

Doch kaum hatte der Mann die Verfolgung aufgenommen, fing es an zu schneien. Es schneite dicke Flocken. Sie deckten die Spuren zu. Dann erhob sich ein Sturm, kroch dem Mann unter die Kleider und biss ihn in die Haut. Bald wusste er nicht mehr, wohin er sich wenden sollte.
Der Mann versank immer tiefer im Schnee. »Ich kann nicht mehr!«, stöhnte er und rief um Hilfe.
Da legte sich der Sturm. Es hörte auf zu schneien und der Mann sah einen großen Stern am Himmel. Was ist das für ein Stern?, dachte er.
Der Stern stand über einem Stall, mitten auf dem Feld. Durch ein kleines Fenster drang das Licht einer Hirtenlampe.
Der Mann ging darauf zu. Als er die Tür öffnete, fand er alle, die er gesucht hatte, die Schafe, den Esel, die Kuh, den Ochsen, den kleinen Hund und den Jungen.
Sie waren um eine Krippe versammelt. In der Krippe lag ein Kind. Es lächelte ihm entgegen, als ob es ihn erwartet hätte.
»Ich bin gerettet«, sagte der Mann und kniete neben dem Jungen vor der Krippe nieder.
Am anderen Morgen kehrten der Mann, der Junge, die Schafe, der Esel, die Kuh, der Ochse und auch der kleine Hund wieder nach Hause zurück.
Auf der Erde lag Schnee. Es war kalt. »Komm ins Haus«, sagte der Mann zu dem Jungen, »ich habe Holz genug. Wir wollen die Wärme teilen.«

Max Bolliger

A 39

Christus, das Licht

Die Osterkerze

Das Licht = Jesus Christus
Das Kreuz = Jesus
Die Osterkerze sagt uns:
Jesus Christus ist das Licht der Welt.

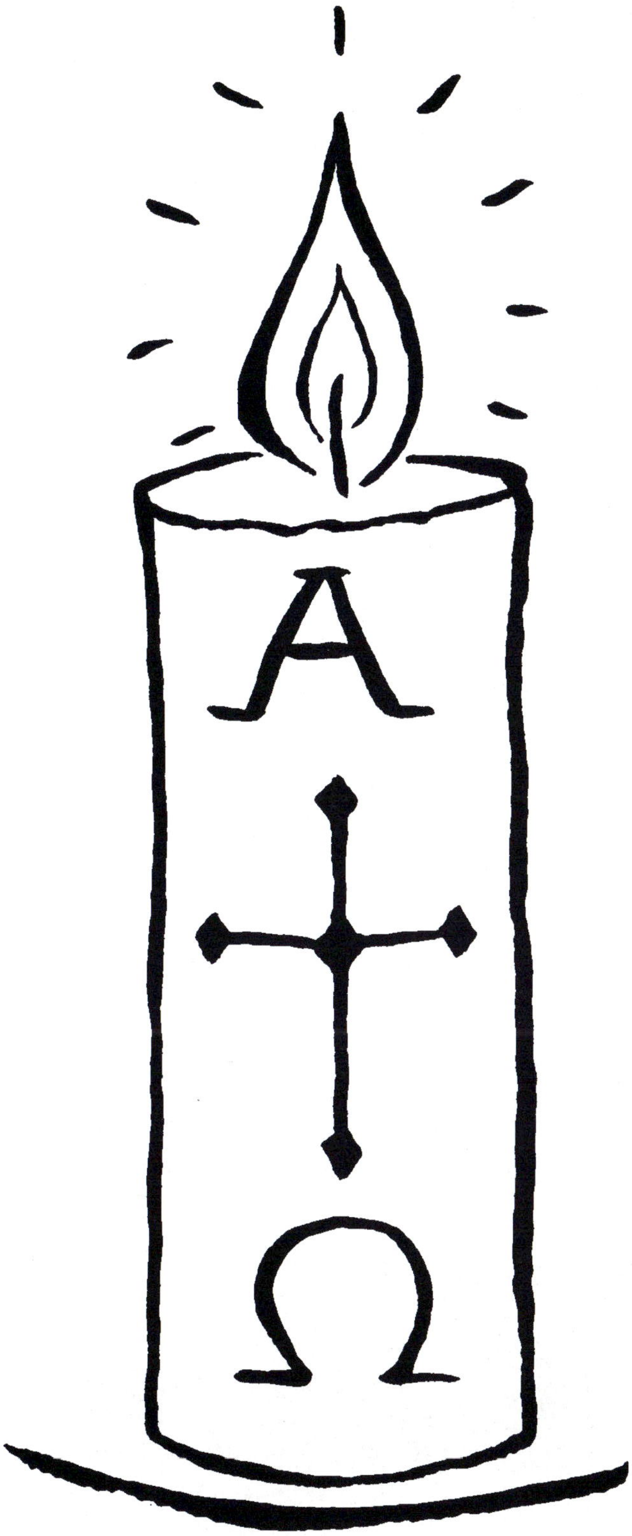

Die Zeichen

A (Alpha) = Jesus war von Anfang an.
Jahreszahl = Jesus ist auch heute lebendig.
Ω (Omega) = Jesus lebt in Ewigkeit.

Ergänze die Jahreszahl auf der Kerze.

A 40

Osterspiel mit Kerzen

	Auf dem Tisch steht eine einzige brennende Kerze.
Erster Sprecher:	Gott schickte Jesus nach Jerusalem.
Zweiter Sprecher:	Er ritt auf einem Esel in die Stadt und viele Menschen riefen ihm zu.
Alle:	Du bist unser König! Du bist unser König! Gott hat dich geschickt!
Dritter Sprecher:	Jesus aß und trank mit seinen Freunden. Er sagte aber auch:
Vierter Sprecher:	Ich werde bald sterben müssen. Einer von euch wird mich verraten.
Alle:	Ich nicht! Ich nicht! Nein, ich nicht!
Fünfter Sprecher:	In der Nacht betete Jesus zu Gott:
Vierter Sprecher:	Vater! Was du willst, soll geschehen.
Sechster Sprecher:	In der Nacht nahmen die Soldaten Jesus gefangen. Seine Freunde liefen davon. Sie hatten Angst.
Alle:	Ich kenne diesen Jesus nicht. Nein, wir kennen diesen Jesus nicht.
Siebter Sprecher:	Sie quälten Jesus. Sie schlugen ihn.
Achter Sprecher:	Sie stellten ihn neben einen Verbrecher. Dann fragten sie:
Neunter Sprecher:	Sollen wir diesen Jesus freilassen?
Achter Sprecher:	Da riefen die Leute:
Alle:	Ans Kreuz mit ihm! Ans Kreuz mit ihm!
Zehnter Sprecher:	Sie hängten Jesus an das Kreuz.
Elfter Sprecher:	Sie hängten Gottes Sohn an das Kreuz.
Vierter Sprecher:	Vater, vergib ihnen! Sie wissen nicht, was sie tun.
Zwölfter Sprecher:	So starb Jesus am Kreuz.
	Einer geht ganz langsam zum Tisch und bläst die Kerze aus. Alle sitzen ganz still. Ein Kind geht zum Tisch und zündet die Kerze wieder an, so dass sie hell strahlt. Es sagt:
	Freut euch mit mir! Jesus lebt! Er hat den Tod besiegt!
	Jetzt geht jeder zum Tisch und erhält dort eine Kerze, die er an der bereits brennenden Kerze entzündet. Es werden immer mehr Kerzen. Zum Schluss sagt der/die Spielleiter/in:
	Jetzt können wir fröhlich Ostern feiern.
	Die Kinder gehen aufeinander zu, geben sich die Hände und wünschen sich frohe Ostern.

Rolf Krenzer

Einführung

Der Lichtsymbolik begegnen wir in der christlichen Religion in sehr vielschichtiger Weise. Deshalb kann ihr auch im Religionsunterricht ein breiter Raum eingeräumt werden und sie bei vielen unterschiedlichen Themen Verwendung finden. Licht ist die Quelle des Lebens. Licht bedeutet Leben, Orientierung und Wärme. Damit gehört es zu den Ursymbolen der Menschheit.
Der Gegensatz zum Licht ist Dunkelheit. Sie bedeutet Orientierungslosigkeit, Bedrohung, Todesgefahr.
Das Gegensatzpaar von Licht und Dunkelheit ist Grundschulkindern von ihrer eigenen Erfahrungswelt her vertraut und deshalb ist ihnen die Lichtsymbolik leicht zugänglich.
Liturgie und Brauchtum des Kirchenjahrs durchzieht die Lichtsymbolik ebenfalls; angefangen beim Adventskranz, dem wachsenden Licht, das seinen Höhepunkt in den vielen Lichtern am Weihnachtsbaum findet, über das Fest der Darstellung des Herrn (»Lichtmess«) mit der Kerzenweihe bis hin zum feierlichen Licht der Osternacht: Lumen Christi, Christus, das Licht. Kein Gottesdienst ist denkbar ohne Kerzenlicht, und um an die Gegenwart Gottes in der Welt zu erinnern, brennt am Tabernakel das »ewige Licht«.

Eine Verkörperung der Lichtsymbolik ist die Sonne. Die Sonne bestimmt den Tageslauf, sie gibt dem Menschen am unmittelbarsten ein Gefühl für die Zeit. Sie vertreibt das Dunkel der Nacht, die den neuen Tag ankündet.
Die Sonne spendet Leben, ihr wenden sich die Pflanzen zu, ihr wachsen sie entgegen. Ohne Sonne kann kein Leben gedeihen. Auch Kinder kennen das Gefühl des Wohlbefindens und der Freude, wenn nach vielen grauen Tagen die ersten Sonnenstrahlen zu sehen und zu spüren sind.

Sterne leuchten in der Nacht. Das macht sie für Kinder geheimnisvoll. Sie sind nicht so direkt erfahrbar wie die Sonne, sie vertreiben auch nicht die Dunkelheit, aber sie lassen die Finsternis nicht mehr gar so finster erscheinen. Die Betrachtung eines Sternenhimmels erweckt in den Menschen das Gefühl der Grenzenlosigkeit und dennoch der Geborgenheit.
Wie die Sonne den Tag und der Mond das Jahr einteilt, so bestimmen die Sterne die Jahreszeiten. Der Stand der Sterne gibt sie an. Der Stand der Sterne hat Menschen schon in alter Zeit dazu gebracht, in ihrer Stellung zueinander Bilder zu sehen und einzelne Sternbilder dementsprechend zu benennen.
Bevor es den Kompass gab, waren es die Sterne, nach denen sich Menschen in der Nacht in unwegsamem Gebiet, auf dem Meer und auf dem Land orientierten. Sterne sind Wegweiser.

Ein weiteres Lichtsymbol ist der Regenbogen. Durch das Licht der Sonne und den Wasserschleier des Regens entsteht sein buntes Farbenspiel. Der Bogen am Himmel entsteht durch die Begegnung zweier Elemente, die zunächst gegensätzlich erscheinen: Sonne und Regen.
Nicht nur auf Kinder übt er in seiner Farbenpracht eine große Faszination aus. Seit der Erzählung von Noah wird dieser bunte Bogen mit Gott und seinem Bund mit dem Menschen in Verbindung gebracht.
Unter dem Regenbogen leben, das bedeutet seither so viel wie: unter dem Schutz Gottes stehen.
Der Regenbogen ist ein Symbol des Glücks. In Erzählungen der Völker lesen wir öfters, dass an den Enden des Regenbogens, da, wo er die Erde berührt, ein Schatz verborgen ist. Aber wirklich erreicht hat niemand diese Enden, weil sie eben nicht erreichbar sind – außer in Träumen. Im Regenbogen spiegeln sich alle Farben der Welt und dadurch ist er auch ein Symbol der Vollkommenheit, ein Zeichen, in dem sich das Leben widerspiegelt.

Ein weiteres Lichtsymbol, von den Menschen selbst herzustellen und von ihnen nutzbar gemacht, ist das Feuer.
Blitz – Feuer – Glut – Asche, das sind Worte, die wir mit dem Sammelbegriff »Feuer« verbinden. Bei kaum einem anderen Symbol steht uns die Ambivalenz so vor Augen. Auf der einen Seite ist das Feuer etwas Bedrohliches. Den vernichtenden und verzehrenden Aspekt des Feuers können wir erkennen, wenn ein Haus in Flammen aufgeht, wenn wir Bilder eines Waldbrands, Steppenbrands oder Vulkanausbruchs sehen.
Auf der anderen Seite bedeutet Feuer auch: Licht, Wärme, Geborgenheit, Gemütlichkeit, Romantik. So zum Beispiel am Lagerfeuer und am Kaminfeuer. Begeisterung – Liebe – Hass – Zorn – Leiden – Läuterung – Reinheit sind Begriffe, die wir mit Feuer in Verbindung bringen.
Bei Nomadenstämmen wird Feuer sorgsam gehütet und vorsichtig mitgetragen. Das Feuer wird nur besonders angesehenen Menschen anvertraut. Bei sesshaften Völkern hat es seinen Ort am Feuer der Familien und auch als Feuer im Heiligtum, das nicht verlöschen darf. Das Feuer, die heilige Flamme finden wir in sehr vielen Kulten, bis hin zum »ewigen Licht«, das heute noch in katholischen Kirchen brennt.

Die Lichtsymbolik verdichtet sich in den beiden größten Fest(zeit)en des Kirchenjahrs, Weihnachten und Ostern.

Licht / Kerze

A 1 Licht (Assoziationen)

Das Arbeitsblatt *A 1* dient zunächst dazu, Assoziationen bei den Kindern zu wecken. Je nach ihrem Können, können sie ihre spontanen Assoziationen rund um die Kerze schreiben oder malen. Bei den Gedanken, die den Kindern kommen, sollte dabei nicht gewertet werden, so lange man das Gefühl hat, die Äußerungen beziehen sich tatsächlich auf das Symbol in der Mitte. Im Unterrichtsgespräch sollten die Assoziationen dann ausgetauscht werden.
Diese Übung mit Assoziationen kann auch gemeinsam an der Tafel durchgeführt werden, wobei die Assoziationen durch den/die Lehrer/in bereits als Tafelbild geordnet werden können z. B.:

Licht

warm
hell
Geborgenheit
leuchtet

dunkel
kalt
finster
Angst

Advent
Weihnachten

Gottesdienst
Fest

Ostern

Im Folgenden weitere Anregungen und Vorschläge:

Assoziationsspiel Licht
Eine brennende Kerze steht in der Mitte. Alle Schüler/innen nennen spontan, was ihnen beim Licht der Kerze einfällt. Man kann die Kerze auch auf einen großen Bogen Papier stellen und die Schüler/innen auffordern, ihre spontanen Assoziationen auf die Tapete um die Kerze herum zu schreiben.

Mitte gestalten
Wenn möglich, sollte man zum Symbol einen zentralen Punkt gestalten bzw. von den Schüler/innen gestalten lassen. Falls es möglich ist, in Kreisform zu sitzen, sollte dieser Punkt die Mitte sein, ansonsten sollte man einen Punkt im vorderen Bereich der Klasse wählen, der von allen Schüler/innen gut einzusehen ist.
Beispiele:
- Ein dunkles Tuch in die Mitte legen.
- Ein helles Tuch in die Mitte legen.
- Nebeneinander oder verschlungen ein schwarzes und ein gelbes Tuch legen.
- In einem dunklen oder verdunkelten Raum eine Kerze in die Mitte stellen.
- Eine Kerze auf ein dunkles Tuch stellen.

Stilleübung: Wir entdecken Licht
In der Kreismitte (oder zentral vorn) steht eine brennende Kerze. Jede/r Schüler/in hat eine kleine Kerze (Teelicht) vor sich stehen, die noch nicht angezündet ist.

Der/Die Lehrer/in spricht:
Wir wollen jetzt ganz ruhig werden und (in die Mitte) auf die brennende Kerze schauen.
Sie spendet Licht.
Sie macht unseren Raum hell.

Ich möchte euch jetzt einladen, nacheinander aufzustehen (N.N. beginnt) und eure kleine Kerze an der großen Kerze in der Mitte (vorn) zu entzünden.
Wenn der/die Erste auf seinen/ihren Platz zurückgekehrt ist, geht erst der/die Nächste.

Jetzt hat jeder und jede von uns eine kleine Kerze vor sich stehen.
Wir schauen auf unsere Kerze.
Wir nähern unsere Hände der kleinen Flamme.
Wir spüren die Wärme und lassen sie durch unsere Hände dringen.
Aber Vorsicht! Nicht zu nah!
Man kann sich auch verbrennen!
Wir haben Licht und Wärme in uns aufgenommen.

Wir entspannen uns.

Diese Übung ist auch denkbar mit nur einer Kerze. Die Schüler/innen werden dann aufgefordert, einzeln zur Kerze in der Mitte zu gehen und die Wärme der Flamme zu spüren.

Kerzenständer herstellen
Kerzenständer lassen sich auf unterschiedlichste Weise herstellen. Der Phantasie sind da keine Grenzen gesetzt. Hier einige Beispiele:
- Kerzenständer aus *Fotokarton:* Fotokarton wird in eine bestimmte Form geschnitten und darauf wird ein Teelicht geklebt. Verziert werden kann der Untergrund auch noch durch buntes Tonpapier.
- Kerzenständer aus *Bierdeckeln:* Ein Bierdeckel wird bunt beklebt und darauf wird ein Teelicht befestigt.
- Kerzenständer aus *Goldpapier:* Kerzenständer werden aus Goldpapier gebastelt.
- Kerzenständer aus *Holz:* Ein Kerzenständer wird aus einem Holz geschnitzt.
- Kerzenständer aus *Ton/Knetmasse:* Kerzenständer werden aus Ton o. Ä. geformt.

Kerzen gießen
Material: Wachsreste, Gefäße/Formen, alter Topf, Stricknadel, Kerzendocht, Ofen.
Die alten Kerzenreste werden nach Farben sortiert und langsam in einem alten Topf zum Schmelzen gebracht.
In ein/e Flasche / Glas / Gefäß wird ein Docht gehängt, der oben an einer Stricknadel o. Ä. befestigt ist, die über dem Gefäß liegt.
Das flüssige Wachs wird dann in die Formen gegossen. Wenn das Wachs erkaltet ist, wird das Glas entfernt bzw. die fertige Kerze aus dem Gefäß gelöst.

Lichterstaffette
Es werden zwei Mannschaften gebildet. Jede Mannschaft erhält eine brennende Kerze. Um die Wette müssen nun die Mitspieler beider Mannschaften eine bestimmte Strecke (Wendepunkt um einen Stuhl) zurücklegen und die Kerze am Ende der Strecke an den/die nächste/n Mitspieler/in weiterreichen. Das Licht darf dabei nie ausgehen. Wenn es verlöscht, muss der/die entsprechende Spieler/in die Strecke noch einmal von vorn beginnen. Das Licht darf nicht mit einer Hand geschützt werden. Die Mannschaft, die zuerst fertig ist, hat gewonnen.

A 2 Licht breitet sich aus

Das Arbeitsblatt *A 2* dient dazu, sich mit dem unterschiedlichen Helligkeitsgrad von Farbe zu beschäftigen und in meditativer Form (Mandala) mit einzelnen Farbkomplexen oder Farben zu spielen. Die Schüler/innen werden auf dem Arbeitsblatt dazu angeregt, mit den Farben Rot – Orange – Gelb zu spielen, so dass der Eindruck entsteht, die Helligkeit breitet sich nach außen hin aus. Man kann mit dem Effekt auch spielen, indem man die Farben von außen nach innen heller werden lässt.
Die verschiedenen Vorschläge der Schüler/innen sollten

gemeinsam angeschaut und über ihre Wirkung gesprochen werden.

Variation:

Licht malen in konzentrischen Kreisen
Material: Wasserfarben, Buntstifte, Bleistift.
Jede/r malt auf ein weißes Blatt ineinander gelagerte Kreise, die immer größer werden. Die so entstandenen Ringe werden nun von außen nach innen (in einem zweiten Durchgang evtl. auch von innen nach außen) mit einer Grundfarbe farblich abgestuft, so dass die Kreise nach innen hin immer heller werden. Der Innenkreis bleibt weiß (bei dem zweiten Durchgang bleibt der Außenkreis weiß).
Bei Verwendung von Wasserfarben geschieht die Aufhellung entweder durch eine verstärkte Beimischung von Deckweiß oder eine immer stärkere Verdünnung der Farbe mit Wasser.
Bei Verwendung von Buntstiften oder auch Bleistift geschieht die Aufhellung durch immer schwächer werdenden Druck beim Zeichnen.

Die Materialien zum Ausmalen sollten auf das jeweilige Schuljahr abgestimmt sein!
Das Ausmalen der Kreise kann von meditativer Musik begleitet werden.

A 3 Das Lebenslicht

Kerzenlicht begleitet unser Leben von der Geburt bis zum Tod. Das soll mit dem Arbeitsblatt *A 3* deutlich gemacht werden. Vorher sollte mit den Schüler/innen erarbeitet werden, an welchen Punkten in unserem Leben wir dem Kerzenlicht begegnen. Dazu kann ein Tafelbild angefertigt werden:

Lichter im Alltag	**Lichter im Jahreskreis**	**Lebenslichter**
Gottesdienst	Adventskranz	Taufkerze
(Sonntags) Essen	Weihnachts-baum	Kommunion-kerze
Gebet	Osterkerze	Hochzeitskerze
Ewiges Licht	Geburtstags-kerzen	Grablichter
Feste		

Auf dem Arbeitsblatt können die entsprechenden Situationen eingetragen und die Bilder dann bunt gestaltet werden.

Kerzen verzieren
Zu bestimmten Anlässen wie Kindergeburtstag, Taufe eines Mitschülers/einer Mitschülerin oder Erstkommunion bietet es sich an, nach einem Gespräch über das Ereignis Kerzen zum Thema zu verzieren.
Material: Stumpenkerzen, Zierwachs (Wachsplatten) in verschiedenen Farben, kleines Messerchen.
Aus den farbigen Wachsplatten werden die gewünschten Motive herausgeschnitten oder aus geknetetem Zierwachs geformt. Wenn man die fertigen Motive kurz über eine kleine Flamme hält, kann man sie dann gut an der Stumpenkerze befestigen. Die Motive auf der Kerze richten sich nach dem jeweiligen Anlass. Möglichkeit sind z. B. Taufkerze / Kommunionkerze / Hochzeitskerze / Weihnachtskerze / Osterkerze / Jesuskerze.

A 4 Gott erschafft das Licht

Das Arbeitsblatt *A 4* befasst sich mit dem ersten Schöpfungsbericht, der Erschaffung des Lichts. Zum einen erzählt er vom Gegensatz zwischen Licht und Finsternis, zum anderen erzählt er die Erschaffung der Lichter des Himmels, die Tag und Nacht erleuchten. Damit geschieht ein Vorgriff auf die Symbole »Sterne« und »Sonne«, so dass an entsprechender Stelle dann auch auf dieses Arbeitsblatt zurückgegriffen werden kann.
Wenn man den Text mit den Kindern liest, sollte man darauf hinweisen, dass es sich hier nur um einen Ausschnitt handelt, in dem es ausschließlich um die Erschaffung des Lichts geht. Damit erklärt man auch, dass auf den zweiten sofort der vierte Tag folgt.
Das, was im Text erzählt wird, soll von den Kindern dann bildlich und farbig dargestellt werden.

Zum Thema Licht und Finsternis als Gegensatzpaar können wieder Assoziationen als Tafelbild gesammelt werden:

Licht	**Finsternis**
Tag	Nacht
hell	dunkel
Freude	Traurigkeit
Sehen	Angst
...	...

Stilleübung: Erfahrung von Dunkel und Licht
Alle sitzen im Kreis. In der Mitte (vorn) liegt ein dunkles (schwarzes) Tuch.

Der/Die Lehrer/in spricht:
Das Tuch in der Mitte ist schwarz.
Es ist dunkel.

Heute wollen wir nachspüren, was Dunkelheit ist.
Wir schließen die Augen.
Noch schimmert Helligkeit durch die Augenlider.
Jetzt mache ich den Raum dunkel.
Der Raum wird verdunkelt.

Jetzt ist schwarze Nacht um uns.
Finsternis.

Wir lauschen in die Finsternis hinein.
Was hörst du?

Wir öffnen die Augen.
Es bleibt finster.

Was spürst du in dir?
Suche die Hände deiner Nachbarn.
Es ist gut, in der Finsternis nicht alleine zu sein.
Wir schließen die Augen wieder.
Ich mache den Raum wieder hell.
Der Raum wird wieder erhellt.

Das Licht blendet die Augen.
Gut, dass sie geschlossen sind!
Langsam gewöhnen sich die Augen an das Licht.

Wir öffnen sie wieder und betrachten unseren Raum und alle, die sich darin befinden, mit neuen Augen.

Die Erfahrungen der Stilleübung müssen im Spontangespräch unbedingt aufgegriffen werden.

Tastspiele im Dunkeln

- Alle Schüler/innen gehen in einem ganz verdunkelten Raum umher und versuchen dabei, sich nicht zu berühren oder anzustoßen.
- In einem Raum ist ein Parcours/Labyrinth aus Stühlen aufgestellt. Die Schüler/innen versuchen, mit verbundenen Augen oder im verdunkelten Raum, durch das Labyrinth zu finden.
- In der Mitte eines verdunkelten Raumes liegt ein Gegenstand (mehrere Gegenstände, oder es sitzt dort ein Mensch). Ein/e Schüler/in versucht zu ertasten, wen oder was er/sie da vor sich hat.

Nach den Spielen sollten die Erfahrungen jeweils ausgetauscht werden.

Spiele mit Licht und Dunkel

- Wir betreten einen ganz verdunkelten Raum mit einer brennenden Kerze. Was beobachten wir?
- Was geschieht, wenn jede/r dann nach und nach eine weitere Kerze anzündet?
- Wir stellen alle Kerzen in die Mitte und schauen uns im Raum an, wie die flackernden Kerzen Licht und Schatten werfen.
- Wir treten aus einem verdunkelten Raum plötzlich ins Freie. Dort scheint die Mittagssonne. Was geschieht?

Verklanglichung: Gott erschafft das Licht

Diese Geschichte eignet sich gut, um sie mit orff'schen Instrumenten in Klang umzusetzen. Bei unbekannten Fachausdrücken kann man bestimmt den Musikpädagogen/die Musikpädagogin der Schule um Rat fragen. Vor einer Verklanglichung werden die benötigten Instrumente gezeigt und vorgestellt. Die folgende Verklanglichung ist nur ein Vorschlag zum Einsatz der Instrumente. Es ist immer besser, die klangliche Gestaltung nach dem Vorstellen der Instrumente mit den Schüler/innen gemeinsam zu erarbeiten. Wenn sich eine Klasse an den Umgang mit den Instrumenten gewöhnt hat, wird der Entscheidungsprozess bei anderen Verklanglichungen beschleunigt.

Vorstellung	**Verklanglichung**
»Die Erde aber war wüst. und wirr ...«	*Alle Instrumente spielen durcheinander.*
»Finsternis ...«	*Dumpfe Klänge von Handtrommeln / tiefe Xylophonstäbe.*
»Der Geist Gottes ...«	*Eine Melodie auf Metallophon / Flöte o. Ä.*
»Es werde Licht ...«	*Beckenschlag.*
»... und es wurde Licht ...«	*Über den dumpfen Klängen der Dunkelheit breitet sich jetzt der helle Klang von Glockenspielen und Schellen aus.*

A 5 Gäbe es kein Licht

Dieses Lied beschreibt in den ersten beiden Strophen, das durch das Licht alles Leben erst ermöglicht wird. Die dritte Strophe formuliert den Dank an Gott, der uns das Licht und damit das Leben gegeben hat. So kann sich dieses Lied thematisch an die Erzählung von der Erschaffung des Lichts anschließen bzw. die anderen Tage des Schöpfungsberichts können auch mit einbezogen werden. Bevor das Lied gesungen und getanzt wird, sollte nur der Text gelesen und im Tafelbild verdeutlicht werden, was alles vom Licht abhängt und im Lied genannt wird:

Durch Licht gibt es

die Erde	die Blumen
die Sonne	die Bäume
den Mond	die Lieder
die Sterne	die Träume
die Tage	die Tiere
die Jahre	die Menschen

Die verschiedenen Dinge können von den Kindern zum Lied auf das Arbeitsblatt *A 5* gemalt werden.

Nachdem das Lied miteinander gelernt wurde, kann es auch gemeinsam getanzt werden:

Tanz

Schrittfolge: Langsame halbe Noten (= zwei Schritte pro Takt).
In der Kreismitte steht eine brennende Kerze. Alle stehen auf der Kreisbahn, der Mitte zugewandt, und halten sich an den Händen.
Takt 1–2: Vier Schritte in die Kreismitte gehen, dabei die Arme heben (rechts beginnt).
Takt 3–4: Vier Schritte zurück, dabei die Arme senken.
Takt 5–8: Acht Schritte auf der Kreisbahn gehen.
Takt 9–12: Wie 1–4, ohne die Arme zu heben.
Takt 13–14: Langsam die Hände heben.

Gemeinschafts-Reißbild

Material: Zeitungen, Klebstoff, buntes Tonpapier, ein großer Bogen Papier.
Gemeinsam wird zusammengetragen, was es ohne Licht nicht gäbe, so, wie es im Lied erwähnt wird (siehe Tafelbild). Diese Dinge werden aus Zeitungspapier ausgerissen und auf den großen Bogen Papier gelegt.

Die Buchstaben des Wortes »Danke« werden aus Tonpapier ausgeschnitten und dazugelegt.
Jetzt werden Dinge und Buchstaben so angeordnet, dass insgesamt ein schönes Bild entsteht.

A 6 Die Lichtlaterne

Das Thema »Gott erschafft das Licht« kann noch einmal mit dem Basteln der Lichtlaterne und dem abschließenden Laternentanz zusammengefasst werden. Eine Laterne ist nicht selbst die Lichtquelle, sondern lässt Licht durchscheinen. Das verleiht dem Licht einen ganz eigenen Charakter.
Material: Pappe, gelbes Transparentpapier, Bierdeckel, Schere, Klebstoff.
Zum Herstellen dieser Lichtlaterne benötigt man etwas festere Pappe. Die Lichtlaterne wird zunächst außen herum ausgeschnitten und auf die Pappe geklebt. Dabei sollte nicht mit Klebstoff gespart werden, damit sich das Papier später nicht von der Pappe löst. Jetzt werden die weißen Flächen der Laterne ausgeschnitten. Die schwarzen Flächen und Stege bleiben stehen. Dann wird die Laterne mit gelbem Transparentpapier hinterklebt.
Die Laschen werden umgeknickt und die lange Lasche an der Mond/Sterne-Seite befestigt, so dass eine runde Laterne entsteht. Die nach innen geknickten kleinen Laschen werden auf einen Bierdeckel geklebt, in dessen Mitte ein Teelicht befestigt wird.

Tanz mit Laternen
Musik: Andante aus Antonio Vivaldi, Gitarrenkonzert D-Dur.
Alle tragen selbst gebastelte Laternen an Stäben in der rechten Hand (oder ohne Stäbe auf der Handfläche). Die Tänzer/innen stehen auf der Kreisbahn (paarweise zugeordnet, nebeneinander).
- Zur Musik bewegen alle ihre Laternen langsam aufwärts und abwärts.
- Sie drehen sich um sich selber.
- Sie gehen zur Mitte, heben die Laternen und gehen wieder zurück.
- Sie geben sich paarweise die linke Hand, heben und senken die Laternen und drehen sich so als Paar.
- Sie schreiten paarweise im Kreis. Der/Die innere Tänzer/in nimmt die Laterne jetzt in die linke Hand.
- Diese Abfolge wiederholt sich.

Zur Erarbeitung dieses Tanzes sollte man sich zuerst gemeinsam die Musik anhören und miteinander festlegen, wann die Wechsel in den Figuren vorgenommen werden. Zunächst ohne Laternen probieren! An Stelle der vorgeschlagenen Musik kann auch jede andere langsame Musik im 4/4-Takt genommen werden.

A 7 Licht sein

Das Arbeitsblatt *A 7* beschäftigt sich wieder mit einem biblischen, diesmal neutestamentlichen Thema. Es geht um die Aussage Jesu über sich selbst: »Ich bin das Licht«, und seine Aufforderung an uns alle, selbst Licht zu sein. Es soll versucht werden, die Aussagen »Ich bin das Licht der Welt« und »Ihr seid das Licht der Welt« den Kindern in ihrer Tragweite nahe zu bringen. Voraussetzung hierfür ist, dass sie schon einige Jesusgeschichten kennen. Im Gespräch kann dann mit dem Bildwort gearbeitet und es als Tafelbild dargestellt werden:

So war Jesus Licht für die Welt	**So sollen wir Licht in der Welt sein**
Er hat Bartimäus geheilt.	Wir können andere froh machen.
Er hat Zachäus froh gemacht.	Wir können Kranke besuchen.
Er hat Kranke gesund gemacht.	Wir können für jemand ein Bild malen.
Er hat den Menschen die Frohe Botschaft von Gott erzählt.	Wir können für Kinder in armen Ländern sammeln.

Das Arbeitsblatt leitet dazu an, zunächst noch einmal zu überlegen, wofür Licht notwendig ist (siehe *A 5*), und das in die beiden oberen Kreise zu malen.
Dann sollen die Schüler/innen de Worte Jesu in den Kreisen ergänzen und anschließend wird das oben erwähnte Unterrichtsgespräch geführt. Um die beiden Kreise mit den Jesusworten können die Kinder auch schreiben, was im Unterrichtsgespräch erarbeitet wurde. In einer Stilleübung kann noch einmal der Wirkung von Licht nachgespürt und so die Bedeutung der Bildworte vertieft werden.

Stilleübung: Wir schauen auf das Licht
In der Kreismitte steht eine brennende Kerze.

Der/Die Lehrer/in spricht:
Eine kleine Kerze erhellt unseren dunklen Raum.
Sie gibt so viel Licht von sich, dass wir erkennen können, wer neben uns sitzt.

Wir sehen die Flamme, die manchmal ruhig vor sich hinbrennt und manchmal unruhig flackert.

In unserem Leben ist es oft auch so:
Es gibt Zeiten, da fühlen wir uns ganz ruhig und ausgeglichen.
Vielleicht kannst du dich jetzt an solche Zeiten erinnern.

Dann gibt es Zeiten, die voller Unruhe sind.
Dann erscheint unsere Umgebung auch unruhig.
Auch über solche Zeiten denken wir einen Moment nach.

Wie die Kerze Licht verbreitet, so geht auch von uns etwas aus.
Wir wollen jetzt versuchen, ganz ruhig zu werden.

Wir denken über uns nach:
Was bewirkt der Schein, der von unserem Lebenslicht ausgeht?
Wo sind wir Licht für andere Menschen?
Jesus sagt: Ich bin das Licht der Welt.
Jesus sagt: Ihr seid das Licht der Welt.

Der/Die Lehrer/in spielt jetzt ein Stück leiser Musik ein.

A 8 Die Halle der Welt mit Licht erfüllen

In einer Geschichte greift das Arbeitsblatt *A 8* noch einmal das Thema des Jesusworts »Ihr seid das Licht der Welt« auf. Nach dem Vorlesen der Geschichte kann ein Gespräch darüber geführt werden, wie der jüngere Sohn als König die Welt hell machen kann, damit die Menschen in seinem Reich froh und glücklich leben können. In dem Bild unter der Geschichte kann der Bogen von der Kerze ausgehend nach außen so ausgemalt werden, dass deutlich wird: Die Kerze durchdringt die Dunkelheit der Halle.
Als Hinführung zur Geschichte passt auch folgende Stilleübung.

Stilleübung: Einen dunklen Raum mit Licht erfüllen
Der Klassenraum wird verdunkelt. In der Mitte steht auf schwarzem Untergrund eine Kerze.

Der/Die Lehrer/in spricht:
Um uns ist es dunkel.
Wir sind einen Augenblick lang ganz still, damit es in uns ruhig werden kann.

Evtl. an dieser Stelle ein ruhiges Musikstück einspielen. Nach einer Weile spricht der/die Lehrer/in in die Musik hinein:
Jetzt zünde ich die Kerze an,
die wir heute in die Mitte gestellt haben.
Wir schauen, wie sich das Licht ausbreitet.
Immer mehr können wir erkennen.

Wenn das Licht der Kerze den ganzen Raum erfasst hat, kann die Geschichte »Die Halle der Welt mit Licht erfüllen« vorgelesen werden.

A 9 Tragt in die Welt nun ein Licht

Das Jesuswort »Ihr seid das Licht der Welt« wird im Lied auf diesem Arbeitsblatt noch einmal aufgegriffen. Die Kinder können noch mehr Strophen zum Lied erfinden.
Im Gespräch sollte vertieft werden, wie man denn konkret zu Kranken, Kindern, Alten und anderen Menschen Licht bringen kann:

Wer?	Licht bringen
Kranke	besuchen gehen, etwas erzählen, die Hand halten
Kinder	mit ihnen spielen, bei den Hausaufgaben helfen, nett zueinander sein
Alte	besuchen, etwas vorlesen, ein Bild für sie malen
Eltern	zu Hause etwas mithelfen, Wünsche befolgen

In die freien Kästen des Arbeitsblatts sollen die Kinder Situationen hineinmalen, wie sie Licht zu anderen Menschen bringen.

A 10 Lichträtsel

Das Arbeitsblatt *A 10* bietet eine Zusammenfassung der Lichtsymbolik in Rätselform an.

Lösung:

1 Weihnachtsbaum
2 Licht
3 Tag
4 Osterkerze
5 Mond
6 Sterne
7 Regenbogen
8 Sonne
9 Vier

Zum Thema »Licht und Dunkelheit« hier noch ein Vorschlag zur Verklanglichung, wie man ihn mit der Klasse erarbeiten kann.

Verklanglichung: Licht und Dunkelheit
In der Mitte des Raumes stehen/liegen viele verschiedene Orffinstrumente. Ein schwarzes Tuch wird in die Mitte gelegt. Alle Schüler/innen werden aufgefordert, sich aus der Mitte ein Instrument zu suchen und auszuprobieren, welche Klänge die Dunkelheit zum Ausdruck bringen können.
Wenn jede/r für sich etwas gefunden hat, setzen sich alle in den Kreis. Ein Instrument beginnt nun, die Dunkelheit zu spielen. Die anderen Instrumente stimmen ein.
Jetzt wird ein strahlend gelbes Tuch über das schwarze gedeckt. Nun sind alle aufgefordert, ein Instrument zu suchen, das das Licht zum Klingen bringt. Dann wird so verfahren wie im ersten Teil.

Sonne

A 11 Sonne (Mandala)

Mit dem Arbeitsblatt *A 11* wird den Kindern ein Sonnen-Mandala angeboten, das als Hinführung zum Symbol bei ruhiger Musik ausgemalt werden kann. Eines dieser ausgemalten Mandalas wird dann in die Mitte der Tafel gehängt und die Schüler/innen nennen Assoziationen zum Bild.
Diese Assoziationen werden von dem/der Lehrer/in um die Sonne herum geschrieben. Oder die Kinder, denen etwas zum Bild einfällt, stehen nacheinander auf und schreiben ihre Assoziationen selbst um die Sonne herum.

Weitere Gestaltungsmöglichkeiten:

Gestaltung der Mitte
– Eine Sonne, aus Tonpapier mit Strahlen gelegt.
– Ein Sonnenball aus gelben Tüchern.

Gemeinschafts-Reißbild: Sonne aus Papierschnipseln
Material: Blaues Tonpapier, gelbes Krepppapier, Klebstoff, Stift.
Aus dem gelben Krepppapier werden viele kleine Schnipsel gerissen. Der Umriss der Sonne wird auf das blaue Tonpapier gezeichnet und mit Klebstoff bestrichen. Dann werden die gelben Schnipsel daraufgeklebt.

Die Sonne als Transparentbild gestalten
Material: Himmelblaues Tonpapier, gelbes Transparentpapier, Stift, Schere, Klebstoff.
Aus dem doppelt gelegten Tonpapier wird eine Sonne herausgeschnitten (oder ausgestochen). Dann wird eine der beiden Seiten mit gelbem Transparentpapier hinterlegt und die zweite Hälfte Tonpapier darübergedeckt.

Sonne aus Tüchern gestalten und verzieren
Material: Holzreifen, gelbe Tücher, Steine/Perlen, Tuchstreifen, Holzringe, Blumen und anderes Legematerial.
Ein großer Holzreifen wird in die Mitte gelegt. Er wird mit einem gelben Tuch als Sonnenball ausgelegt. Darum herum werden dünne gelbe Tuchstreifen als Strahlen gelegt. Diese Sonne wird dann mit verschiedenen Materialien kostbar verziert.

Sonnentanz
Musik: Jede langsame, getragene Musik, z. B. Kanon von Pachelbel, Soul Symphonies, oder Kitaro, Silk Road.
Aufstellung: Geschlossener Kreis – alle halten sich an den Händen gefasst. Gesicht zur Mitte.
Tanzbeschreibung:
1. Rechter Fuß rückwärts zurück.
2. Linker Fuß rückwärts zurück.
3. Rechter Fuß mit Gewicht vorverlagern.
4. Linker Fuß mit Gewicht rückverlagern, Wiegeschritt am Platz.
5. Rechter Fuß mit Gewicht vorverlagern.
6. Linker Fuß vorwärts.
7. Rechter Fuß rechts zur Seite, Arme allmählich nach oben führen, Hände nicht lösen.
8. Linker Fuß an rechten Fuß mit Gewicht.

A 12 Der Tageslauf der Sonne

Das Arbeitsblatt *A 12* macht die Bedeutung der Sonne als »Taggestirn« deutlich, das unserem Leben mit der gleichmäßigen Folge von Tag und Nacht einen Rhythmus vorgibt.
Die Zeichnung des Arbeitsblatts kann bunt gemalt werden und mit dem Auf- und Untergang der Sonne in den Farben Rot – Orange – Gelb und umgekehrt gestaltet werden.
Das Lied wird als Kanon gesungen und getanzt, mit Hilfe des Arbeitsblatts können die Schüler/innen gemeinsam mit dem/der Lehrer/in den Tanz erarbeiten. Bei der vorgeschlagenen Tanzform sind alle Möglichkeiten des Kanontanzes gegeben:
- Im Kreis abzählen von 1 bis 4, die gleichen Zahlen bilden dann eine Stimme.
- In vier kleinen Kreisen nebeneinander.
- In vier Kreisen ineinander.

(Die Anzahl der Stimmen kann nach den Möglichkeiten der Klasse bestimmt werden.)

Verklanglichung

Vorstellung	**Verklanglichung**
Es ist dunkle Nacht.	*Dunkle Töne auf der Pauke oder auf Xylophonen.*
Das erste Tageslicht wird sichtbar.	*Tiefe Töne auf dem Glockenspiel / leise Töne auf einer großen Triangel.*
Die Sonne zeigt ihre ersten Strahlen.	*Einen hellen Klang auf den Triangeln (mit dem Stab in der oberen Spitze schnell hin und her spielen).*
Der Sonnenball wird sichtbar.	*Ein etwas verhaltener Cymbelklang / leise Schläge mit einem Filzschlegel auf dem Rand eines Beckens.*
Der Sonnenball wird immer größer und heller.	*Die Schläge auf dem Becken werden allmählich lauter.*
Die Sonne strahlt am Himmel.	*Ein lauter Schlag auf dem Becken, der verhallt.*
Die Sonne geht unter, wie sie aufgegangen ist.	*(Die Instrumente werden jetzt in umgekehrter Reihenfolge eingesetzt.)*

Spiel mit Tüchern
Zu diesem Spiel mit Tüchern kann wie oben angegeben der Tageslauf der Sonne verklanglicht werden. Fehlende Dinge dabei selbst ergänzen.
Material: Tücher in den Farben Rot, Orange, Gelb, Dunkelblau, Hellblau, Grün, Lila, Weiß.
Spielablauf:
Im Hintergrund liegen in drei Halbkreisen hintereinander Kinder mit roten (1. Reihe), orangen (2. Reihe), gelben (3. Reihe) Tüchern. Sie stellen im Spielverlauf die Sonne in ihren unterschiedlichen Phasen dar.
Zu Beginn stehen Kinder mit dunkelblauen Tüchern im Vordergrund. Die Tücher werden immer senkrecht vor dem Körper gehalten.

Sprecher/in:
Es ist dunkel. Die Nacht hat sich ausgebreitet. Langsam weicht die Dunkelheit der Dämmerung.

Die Kinder mit den hellblauen Tüchern stellen sich zwischen die mit den dunkelblauen Tüchern.

Sprecher/in:
Langsam geht die Sonne auf.

Die Kinder mit den roten Tüchern im hinteren Halbkreis stehen allmählich auf. Wenn sie stehen, stellen sich dahinter die mit den orangen Tüchern. Die Kinder mit den roten Tüchern lassen sich allmählich wieder nieder.

Sprecher/in:
Im Licht der aufgehenden Sonne kann man in der Dämmerung allmählich eine Blumenwiese erkennen.

Die Kinder mit den dunkelblauen Tüchern ziehen sich in den Hintergrund zurück, in den Vordergrund legen sich die Kinder mit grünen Tüchern, dazwischen verstreut die mit den lila und weißen Tüchern. Die Kinder mit den hellblauen Tüchern stellen sich rechts und links neben die Sonne.

Sprecher/in:
Die Sonne entfaltet ihr helles Licht.

Die orangen Tücher verschwinden und die gelben Tücher stehen im Halbkreis.

Sprecher/in:
Die Blumen öffnen ihre Blütenkelche und strecken sich der Sonne entgegen.

Die Kinder mit den lila und weißen Tüchern halten ihre Tücher quer wie Kelche vor ihr Gesicht und richten sich dabei zum Knien auf.

Sprecher/in:
Die Sonne scheint den ganzen Tag und gibt der Welt Licht und Wärme. Immer höher steigt sie hinauf. Dann sinkt sie wieder. Die Blumen schließen ihre Kelche.

Die Kinder mit den lila und weißen Tüchern legen sich wieder flach auf den Boden.

Sprecher/in:
Die Sonne sinkt und die Dämmerung bricht herein.

Die Kinder mit den grünen Tüchern gehen in den Hintergrund zurück, die hellblauen und dunkelblauen Tücher bedecken wieder den Vordergrund. Die Kinder mit den orangen Tüchern stellen sich zwischen die gelben Tücher, die dann nach einiger Zeit verschwinden. Dann geht es mit den roten und orangen Tüchern genauso, bis auch die roten Tücher wieder versinken. Dann ziehen sich auch die hellblauen Tücher wieder zurück.

Sprecher/in:
Die Sonne hat ihren Tageslauf beendet. Es ist wieder dunkle Nacht.

Dias aus Pergamentpapier
Material: Glaslose Diarähmchen, Pergamentpapier / Butterbrotpapier, Filzstifte oder (noch besser) Stifte für den Tageslichtprojektor / Diaprojektor, Leinwand.
Aus dem Pergamentpapier werden kleine rechteckige Stückchen ausgeschnitten, die etwas größer sind als das Fenster im Diarahmen, aber nicht größer als der Rahmen. Mit den Stiften wird nun auf verschiedenen Stückchen in Kleinformat der Tageslauf der Sonne von der Dämmerung über den Sonnenaufgang zum Mittag bis zum Sonnenuntergang gemalt. Die kleinen bemalten Papierstückchen werden dann in die Diarahmen gespannt und können nun durch den Diaprojektor betrachtet werden.

Verklanglichung
Orffinstrumente und andere Geräuschinstrumente liegen in der Mitte. Die Geschichte wird vorgelesen. Gemeinsam wird gesammelt, welche Dinge, Personen und Empfindungen verklanglicht werden sollen. Diese werden auf einer Tapete gesammelt.
Für alle Dinge, Empfindungen und Personen, die in dieser Geschichte beschrieben werden, suchen sich die Mitspieler/innen geeignete Instrumente aus und erfinden einen Rhythmus oder eine Melodie. Danach einigen sich alle auf bestimmte Instrumente zu dem entsprechenden Ding, der Person oder der Empfindung, die mit Klang ausgedrückt werden soll. Jetzt wird die Geschichte noch einmal vorgelesen und an den entsprechenden Stellen werden die richtigen Instrumente und Melodiefolgen eingefügt.

Stilleübung: Sonne tanken
Die Schüler/innen haben sich bei Sonnenschein auf einer Wiese versammelt und sitzen im Kreis in der Sonne. (Es sollte für diese Übung weder zu heiß noch zu kalt sein.)

Der/Die Lehrer/in spricht:
Heute wollen wir Sonne tanken.
Die Sonne, in die wir nicht hineinschauen können, gibt uns Licht, Wärme und Leben.

Wir schließen die Augen.

(Wenn es nicht möglich ist, diese Übung im Freien zu machen, kann auch das Bild einer Sonne in die Mitte gelegt und an dieser Stelle mit dem Sonnentraum begonnen werden. Dann fallen das Drehen und Hinlegen sowie das Wiederaufrichten weg.)

Wir setzen uns im Schneidersitz gerade hin und lassen den Kopf hängen.

Jetzt drehen wir unseren Körper langsam der Sonne entgegen.

Wir heben den Kopf und halten ihn wie die Blumen der Sonne entgegen.

Wir spüren die Wärme auf unserer Haut.

Wir legen uns zurück ins Gras und träumen unseren Sonnentraum *(an dieser Stelle evtl. eine leise Melodie summen).*

Langsam kommen wir von unserer Traumreise auf unsere Wiese zurück.
Wir setzen uns wieder hin.
Wir öffnen langsam die Augen.

Jetzt können die »Sonnenträume« einander erzählt werden.

A 13 Sonne (Text)

Der vorgeschlagene Text ist eine Traumreise. Bevor man ihn den Kindern vorliest, sollte man sie auffordern, die Augen zu schließen und das, was sie hören, sich vor ihrem inneren Auge vorstellen lassen. Das, was die Kinder gesehen haben, sollen sie dann in einem Bild festhalten.

A 14 Kannst du mir Gott zeigen?

Das Arbeitsblatt *A 14* bringt das Symbol Sonne mit Gott in Verbindung. Es stellt im Text die Sonne als ein Bild für Gott vor. Im Unterrichtsgespräch sollte vorher thematisiert worden sein, dass man von Gott nur in Bildern sprechen kann. Auch das Thema Gebet sollte angesprochen worden sein mit den entsprechenden Anreden:

Lieber Gott ...
Guter Gott ...
Großer Gott ...
Jahwe (falls die Geschichte von Mose am Dornbusch bekannt ist)
Ich bin da ...
Unbegreiflicher Gott ... usw.
Diese und ähnliche Namen Gottes sollen die Kinder dann in die Sonnenstrahlen schreiben.

Spiel: Gott – die Sonne mit vielen Namen
Material: Gelbes Tonpapier, Schere.
Ein großer Sonnenball und viele Sonnenstrahlen werden aus dem Tonpapier geschnitten. Der Sonnenball wird in die Mitte gelegt. Jede/r Schüler/in erhält einen Sonnenstrahl. Jetzt wird der Text »Kannst du mir Gott zeigen?« vorgelesen. Dann werden die Schüler/innen aufgefordert, Namen Gottes, die ihnen spontan einfallen, zu nennen und bei jedem Namen einen Sonnenstrahl zum Sonnenball zu legen.

Stilleübung: Die Sonne bekommt Strahlen
In der Mitte liegt eine strahlend gelbe Sonnenscheibe aus Farbkarton. Alle Schüler/innen erhalten einen Sonnenstrahl aus dem gleichen Material und legen ihn vor sich hin auf den Kreis.

Der/Die Lehrer/in spricht:
In unserer Mitte sehen wir einen gelben Ball, rund wie die Sonnenscheibe.
Die Sonne scheint hell am Tag.
Sie sendet ihre Strahlen aus.
Sie hat Ausstrahlung.
Mit diesen Strahlen wärmt sie uns.
Mit der Kraft ihrer Strahlen erhält sie Pflanzen, Tiere und Menschen.
Sonne macht Leben möglich.

Viele Dinge und Menschen gibt es, die uns Leben ermöglichen.
Dafür dürfen wir dankbar sein.
Wir wollen einen Augenblick darüber nachdenken.

(Wenn die Strahlen zu einem Lied / Tanz zur Sonne gelegt werden sollen, ist es sinnvoll, ohne Anmerkung in die Stille hinein die Melodie jetzt zu summen und die Schüler/innen mitsummen zu lassen in ständiger Wiederholung. Das Gleiche geschieht mit dem Text, der vorgesprochen und nachgesprochen wird. Dann wird das Lied mit dem Text leise gesungen.)

Unserer Sonne fehlen noch die Strahlen.
Wir haben sie vor uns liegen.

(Wenn die Strahlen zu einem Lied / Tanz zur Sonne gelegt werden sollen, werden die Schüler/innen jetzt aufgefordert, sich im Kreis linksherum auf die Kreisbahn zu stellen. Alle halten ihre Sonnenstrahlen in der linken Hand und legen ihre rechte Hand auf die Schulter der vorderen Person. Zu einem kurzen Lied gehen die Schüler/innen dann auf der Kreisbahn um die Sonne herum. Nach jedem Durchgang legen einige ihre Strahlen zur Sonne, evtl. mit einem kleinen Danksatz wie beschrieben.)
Jeder und jede von uns ist jetzt eingeladen, seinen Strahl zum Sonnenball zu legen. Wer möchte, kann dabei auch einen Satz sprechen, der beginnt: »Ich danke für ...«

A 15 Heilige sind Menschen, durch die die Sonne scheint

Die Geschichte auf Arbeitsblatt *A 15* greift noch einmal das Bild von Gott, der großen Sonne auf und überträgt sie auf Menschen, die im Sinne Gottes leben, auf Heilige. Sie geben das Licht Gottes weiter, lassen es durchscheinen, so, wie Kirchenfenster durch das Licht der Sonne zu leuchtenden Farben erblühen. Ein Rätsel im unteren Bereich des Arbeitsblatts stellt einige Heilige dar, die den Kindern bekannt sein dürften:
Franziskus, Martin, Elisabeth, Barbara, Nikolaus.
Falls die Kinder diese Heiligen nicht kennen, sollte zu entsprechender Zeit die Lebensgeschichten der Heiligen miteinander besprochen werden.

Stilleübung: Licht durchscheinen lassen
Alle sitzen im Kreis. In der Mitte steht eine Kerze. Die Schüler/innen haben eine selbst gebastelte Laterne vor sich stehen. (Falls nicht so viele selbst gebastelte Laternen da sind, kann man auch eine Laterne neben die Kerze stellen.)

Der/Die Lehrer/in spricht:
Wir sehen auf die Kerze in der Mitte.
Sie spendet Licht und Wärme in dunklen Zeiten. Die Flamme flackert.
Sie ist gefährdet durch den Wind,
durch Menschen, die das Licht lieber löschen möchten.
Wir haben das Licht geschützt.

Einen schützenden Mantel haben wir darumgebaut, aber einen, der das Licht noch durchscheinen lässt.

Einen Mantel, der das Licht in vielen Farben widerspiegelt.
Geschütztes Licht hilft vielen Menschen:

im Schacht eines Bergwerks,
auf dunklen Wegen,
als Beleuchtung von gefährlichen Hindernissen,
überall dort, wo Menschen Licht brauchen und ungeschützt sind.

Gott möchte, dass wir sind wie diese Laternen:
Dass wir sein Licht in vielen Farben durchscheinen lassen,
für alle Menschen, die mit uns leben,
für die ganze Schöpfung.

A 16 Heilige (Transparentbilder)

Das Arbeitsblatt bietet zwei Transparentbilder zum Basteln an, ein Bild vom Heiligen Martin und eines vom Heiligen Franziskus.
Die Fensterbilder werden auf doppeltes Tonpapier übertragen. Die weißen Flächen werden ausgeschnitten. Dann wird hinter ein Tonpapier buntes Transparentpapier nach Wahl geklebt und die zweite Schablone deckungsgleich von der anderen Seite darüber geklebt, so dass das Transparentbild von beiden Seiten zu betrachten ist und ins Fenster gehängt werden kann.

Stern

A 17 Stern (Mandala)

Mit dem Arbeitsblatt *A 17* wird das Symbol Stern eingeführt. Die Kinder sollen das Sternenbild bei ruhiger Musik ausmalen. Dann werden die Bilder in die Mitte gelegt oder an die Tafel geheftet. Die Kinder benennen, was ihnen zu den Sternen einfällt.

Sternenlichter
Jede/r erhält ein brennendes Teelicht. Alle sind eingeladen, eine Bitte oder einen Dank auszusprechen und ihr Teelicht in der Mitte abzustellen, so dass die Form eines Sterns (er kann auch vorher durch Kreide o. Ä. angedeutet werden) als Gesamtbild entsteht.

A 18 Faltstern

Der Grundriss des abgebildeten Faltsterns ist ein gleichseitiges Dreieck. Die drei Ecken werden zunächst alle bis zur Mitte der gegenüberliegenden Seite geknickt. Dann werden sie parallel zu dem Knick noch einmal in 1 cm Abstand geknickt. Dann werden die geknickten Linien ineinander gefaltet. Es entsteht ein sechseckiger Stern, den man als Kerzenständer, um Wünsche oder Vorsätze hineinzuschreiben, nutzen kann.

Weitere Mal- und Bastelvorschläge:

Bilder malen
Folgende Themen eignen sich zum Malen:
- Drei Könige folgen dem Stern
- Unser Stern (Diesem Bild sollten gemeinsame Überlegungen zu dem Gedanken vorausgehen: Welchen Sternen folgen wir? Wer oder was ist unser Stern?)
- Landschaft mit Sternenhimmel
- Weihnachtsbild mit Weihnachtsstern

Sternenhimmel aus Wachsmalkreiden
Die Sterne werden mit gelben Wachsmalkreiden auf das Blatt gemalt. Dann wird darüber mit Wasserfarben der dunkle Nachthimmel gemalt. Oder ein Blatt wird mit gelber Farbe grundiert und ganz mit Wachsmalfarben dunkel bedeckt. Dann werden die Sterne mit einem Schaber aus der dunklen Oberfläche herausgeschabt.

Strohsterne basteln
Strohsterne können in vielfältiger Weise aus runden Strohhalmen gebunden oder aus glatt gebügelten Strohhalmen geklebt werden.

Sterne aus Goldpapier
Aus Goldpapier können in vielfältiger Weise Sterne gefaltet oder ausgeschnitten werden.

Sternenkerzenständer
Aus gelber Pappe oder einem mit Goldpapier beklebten Bierdeckel wird ein sternförmiger Untergrund geschnitten, auf den ein Teelicht geklebt wird.

Gestaltung: Stern
In die Mitte des Raumes werden zwei gelbe Tücher quadratisch versetzt übereinander gelegt, so dass ein großer, gelber Stern zu sehen ist. In den Mittelpunkt wird eine bunte Kugel oder ein Ring gelegt, um die/den herum Strahlen in verschiedenen Farben und mit verschiedenen Materialien gelegt werden können. Am Ende der Strahlen werden wieder kleine Sterne aus unterschiedlichen Materialien gestaltet, so dass auf dem gelben Tuchstern ein bunter Stern entsteht, der in viele kleine Sterne mündet.

A 19 Sterne leuchten am Himmel

Das Arbeitsblatt *A 19* bietet verschiedene Gestaltungselemente an:
Eine gemeinsame spielerische Identifikationsübung zum Thema »Sterne leuchten am Himmel«, verschiedene Sternbilder, ein Sternenlied als Abendlied und einen kurzen Text, der auf die Weite des Sternenhimmels hindeutet.
Zunächst kann die Identifikationsübung mit den Kindern durchgeführt werden, anschließend könnte eine Gestaltung der Mitte zum Thema »Stern« erfolgen (siehe Kommentar zu *A 18*).

Zum Thema Sternbilder entdecken bzw. einem Stern folgen eignen sich folgende Aktionen und Spiele:

Einem Stern folgen (Spiel)
Alle stehen in einer Reihe.
Eine/r trägt einen leuchtenden Stern der Reihe voran. Dann folgen alle dem Stern in langsamem Schritt zu einem Lied, das wieder erst gesummt und dann gesungen wird. Bei Strophenliedern kann die Melodie nach jeder Strophe gesummt werden.

Einem Stern folgen (Nachtwanderung)
Es wird versucht, bei einer Nachtwanderung einem bestimmten Stern zu folgen. Diese Aktion bietet sich bei einer Klassenfahrt o. Ä. an.

Betrachtung des Sternenhimmels
Auch die folgende Aktion kann nur durchgeführt werden, wenn die Klasse miteinander den Abend verbringt:
Alle stehen im Dunkeln bei sternklarer Nacht draußen im Kreis und schauen sich eine Weile in Ruhe den Sternenhimmel an. Der Text »Kleine Erde« wird vorgelesen. Der Kanon »Die Sterne stehn« wird gemeinsam gesungen und getanzt.
Falls es nicht möglich ist, diese Übung im Freien zu machen, kann auch ein Dia vom Sternenhimmel gezeigt werden. Der Tanz zum Lied sollte dann als Lichtertanz mit Teelichtern getanzt werden.

Sternwarte besuchen
Eine Sternwarte wird besucht und Informationen über Sternbilder gesammelt.

Sternenmobile
Aus Goldpapier werden Sterne mit unterschiedlichem Durchmesser (2–5 cm, jeweils zweifach) geschnitten. An einem 20 cm langen Rundholz werden drei bis vier dunkle Wollfäden befestigt und auf diese Wollfäden wer-

den in unterschiedlichen Abständen die goldenen Sterne von beiden Seiten geklebt. In der Mitte des Holzes wird ein Bindfaden befestigt, mit dem man das Mobile an der Decke aufhängen kann.

Sternenhimmel legen
Auf dem Boden werden dunkelblaue Tücher ausgebreitet und darauf Sterne aus Stroh und Goldpapier gelegt, so dass ein Sternenhimmel entsteht. Wenn man sich vorher mit Sternbildern beschäftigt hat, kann man auch gezielt diese Sternbilder mit den Sternen legen.

Sternbilder malen
Nach der Beobachtung von Sternbildern in der Natur oder im Fachbuch werden die einzelnen Sternbilder auf dunkles Tonpapier mit gelber Kreide gemalt.

Stilleübung: Der Stern
Alle sitzen im Kreis. In der Mitte liegt ein gebastelter Stern.

Der/Die Lehrer/in spricht:
In der Mitte sehen wir einen Stern.
Sterne sind Zeichen der Hoffnung.
Sterne lassen uns daran glauben, dass unsere Wünsche ein Ziel haben.
Sterne sind Wegweiser.
Sterne lassen uns die Unendlichkeit des Himmels erahnen.

Von all dem spricht auch das folgende Gedicht:
Der Text »Kleine Erde« wird vorgelesen.

Verklanglichung: Kleine Erde

Vorstellung	Verklanglichung
»Die Welt ist so groß.«	*Beckenschlag*
»Die Erde ist bloß ganz klein.«	*Fingercymbeln*
»Sieh in den Himmel.«	*Schnelle, weiche Schläge mit Watteschlegel auf Handtrommel.*
Sternengefunkel	*Unterschiedliche Töne auf dem Glockenspiel.*

A 20 Sterntaler

Auf dem Arbeitsblatt *A 20* ist das Märchen vom Sterntaler erzählt. Auf den Sternen sollen die Kinder eintragen, was das Mädchen verschenkt. Sie können aber auch überlegen, was sie selbst verschenken könnten, um andere Menschen froh zu machen. Das sollen die Kinder dann auch in die Sterne schreiben.

Szenisches Spiel
Die Geschichte vorlesen und dazu pantomimisch spielen. Verkleidung: nach Belieben, auch mit bunten Tüchern. Die goldenen Taler aus gelber Pappe oder Goldpapier basteln.

Verklanglichung

Vorstellung	Verklanglichung
Das Mädchen	*Eine Melodie auf dem Xylophon.*
Armer Mann	*Schläge mit Watteschlegel auf Handtrommel.*
1. frierendes Kind	*Rumbarasseln*
2. frierendes Kind	*Schellenkranz*
3. frierendes Kind	*Schnelle Schläge mit Klanghölzern.*
Himmel	*Einzelne Töne auf dem Glockenspiel von oben nach unten.*

Regenbogen

A 21 Der Regenbogen (Mandala)

Das Arbeitsblatt *A 21* bietet ein Mandala zum Thema Regenbogen an, das die Welt, in der wir leben, umspannt wie eine Mandorla. Bei ruhiger Musik soll dieses Mandala farbig gestaltet werden. Wenn man es auf Pergamentpapier kopiert, kann man es auch gut als Fensterbild ins Klassenfenster hängen.

Regenbogenspiel
Alle Mitspieler/innen sind mit bunten Tüchern (oder Krepppapier) in unterschiedlichen Farben bekleidet. Alle gehen zu Musik im Raum umher. Der/Die Lehrer/in stoppt von Zeit zu Zeit die Musik und nennt dann eine Farbe. Alle mit der entsprechenden Farbe finden sich dann im Kreis zusammen und geben sich die Hände. Wenn die Musik wieder beginnt, löst sich der Kreis und alle gehen wieder im Raum umher, bis zum nächsten Stopp. Sagt der/die Lehrer/in aber keine einzelne Farbe, sondern »Regenbogen«, dann müssen sich alle im Halbkreis oder in einer Reihe in den Farben des Regenbogens in der richtigen Reihenfolge aufstellen.

Gestaltung der Mitte
- Aus bunten Papierstreifen einen Regenbogen über grauen Untergrund legen.
- Ein selbst gemalter, leuchtender Regenbogen.
- Ein Regenbogen aus Tüchern gelegt.

Bilder malen
- Gemeinschaftsbild: Großer Regenbogen (Abtönfarbe).
- Jede/r sucht sich aus den Farben des Regenbogens seine/ihre Lieblingsfarbe aus und versucht, in verschiedenen Tönen seiner Farbe ein Bild (aus Wasserfarben) zu malen.

Regenbogen-Transparent
Aus Transparentpapier wird in verschiedenen Farben ein Bogen geschnitten, der dann den Farben des Regenbogens entsprechend an ein Fenster geklebt wird. Darunter

kann noch mit Fensterfarbe gemalt werden, was unter dem Regenbogen geschieht.

A 22 Farbeinfälle

Das Arbeitsblatt *A 22* beschäftigt sich mit den einzelnen Farben des Regenbogens und den Assoziationen, die diese Farben in uns wecken.
Man könnte zunächst in einem Unterrichtsgespräch die Kinder alle Farben nennen lassen, die sie kennen, um sie dann gemeinsam in der Reihenfolge der Farben des Regenbogens zu ordnen.
Im Folgenden einige Spielvorschläge um diese Farbabfolge des Regenbogens und die Assoziationen dazu zu vertiefen:

Die Farben des Regenbogens
Die verschiedenen Farben des Regenbogens werden bestimmt und auf einen Papierbogen geschrieben. Dann gehen alle von Farbe zu Farbe und schreiben auf den Bogen, was ihnen zu den einzelnen Farben spontan einfällt. Dann werden in den einzelnen Farbtönen die entsprechenden Assoziationen gemalt und schließlich als Regenbogen zusammengelegt.

Farbassoziationsspiel
Alle sitzen im Kreis. Eine/r steht in der Mitte. Die Person in der Mitte zeigt auf eine/n Mitspieler/in im Kreis und nennt seine Farbe. Der/Die Mitspieler/in sagt dann spontan, was ihm/ihr dazu einfällt. Je schneller das von einem zum anderen wechselt, desto interessanter wird es. Sagt die Person in der Mitte »Regenbogen«, dann wechseln alle die Plätze. Wer in der Mitte übrig bleibt, setzt das Fragen fort.

A 23 Der Regenbogen (Text/Fragen)

Das Arbeitsblatt *A 23* bietet einen Text zum Thema Regenbogen an, der sich gut in verteilten Rollen lesen lässt. Die anschließenden Fragen fassen das Wissen über den Regenbogen noch einmal zusammen.

Stilleübung: Der Regenbogen
In der Mitte des Kreises liegen bunte Tücher in den Farben des Regenbogens.

Der/Die Lehrer/in spricht:
Hier in der Mitte sehen wir viele bunte Tücher. Alle Farben des Regenbogens sind darin abgebildet.
Wir legen uns zurück und werden ganz ruhig.
Wir schließen die Augen.
Ich singe (spiele) euch jetzt ein Lied vom Regenbogen vor.

Lied: Ein bunter Regenbogen (siehe *A 24*)

Bei diesem Lied habt ihr vielleicht vor eurem inneren Auge einen schönen bunten Regenbogen gesehen.
Viele Farben hat dieser Regenbogen.
jede Farbe ist anders, so,
wie wir Menschen verschieden sind.
Wir öffnen die Augen.

Nacheinander seid ihr jetzt eingeladen,
ein Tuch mit eurer Lieblingsfarbe aus der Mitte zu nehmen und dann wieder auf den Platz zu gehen. Jetzt gehen wir zum Lied im Kreis.

Wir halten unser Tuch ausgebreitet vor uns hin:

erst die roten,
dann die orangen,
die gelben,
die grünen,
die blauen,
die violetten.

Jetzt sehen wir unseren Regenbogen vor uns und können das Lied gemeinsam singen.

Hörspiel: Der Regenbogen
Das Gespräch des Textes wird mit verteilten Rollen auf eine Kassette gesprochen und die Geräusche dazu auf Orffinstrumenten erfunden und verklanglicht (z. B. das Erscheinen und Verschwinden des Regenbogens oder die Sonne und den Regen).

A 24 Gottes guter Regenbogen

Das Arbeitsblatt *A 24* stellt den Schüler/innen die biblische Geschichte vom Regenbogen vor. Gottes Bund mit den Menschen wird hier in den Zusammenhang mit dem Symbol des Regenbogens gebracht. Das Lied bestätigt diese Aussage noch einmal.

Tanzbeschreibung: Ein bunter Regenbogen
Alle stehen im Halbkreis.

1. Teil (in allen Strophen gleich)
Die Arme werden beide in einem großen Bogen von links unten hoch über den Kopf nach rechts unten geführt.
2. Teil
1. Str.: Der Halbkreis wird zum Kreis, beim ersten Mal rechts herum gehen, beim zweiten Mal links herum.
2. Str.: Der Halbkreis wird zum Kreis durchgefasst, bleibt stehen und wiegt auf der Stelle hin und her.
3. Str.: Der Halbkreis wird zum Kreis durchgefasst, die Arme hoch gehoben, beim ersten Mal rechts herum gegangen, beim zweiten Mal links herum, zum Schluss mit erhobenen Händen kurz stehen bleiben.

Stilleübung: Lichtbogen
An der Wand ist ein Bild von einem Regenbogen abgebildet (auch als Dia). Die Schüler/innen sitzen im Halbkreis davor.

Der/Die Lehrer/in spricht:
An der Wand sehen wir einen Regenbogen.

Es ist der Lichtbogen,
der alle Farben der Welt trägt.

Wir können ihn nicht greifen, und doch ist er da.

Er verbindet Himmel und Erde.

Er sagt uns: Gott meint es gut mit uns.

Musik einspielen.

A 25 Die anderen Brücken

Das Arbeitsblatt *A 25* deutet das Bild vom Regenbogen als Brückenbild, das Menschen miteinander verbindet. Nach dem Lesen der Geschichte sollte mit den Kindern im Unterrichtsgespräch ein Tafelbild erstellt werden, in dem noch einmal aufgelistet wird, welche Brücken der Brückenbauer eigentlich bauen möchte. Weiter sollte im Gespräch erarbeitet werden, welche Art Brücken wir bauen können. Darüber dürfen die Kinder dann mit bunter Kreide einen Regenbogen malen.

Der Brückenbauer möchte Brücken bauen ...	**Wir können Brücken bauen ...**
... von der Gegenwart in die Zukunft.	... von einem Kind zum anderen.
... von einem zum anderen Menschen.	... von uns zu dem, der Hilfe braucht.
... von der Dunkelheit zum Licht.	... zwischen Menschen, die sich streiten.
... von der Traurigkeit zur Freude.	... von Gesunden zu Kranken.
... von der Zeit in die Ewigkeit.	... von uns zu Außenseitern.

In die Steine der Brücke auf dem Arbeitsblatt sollen die Kinder schreiben oder malen, welche Brücken sie in ihrem Leben bauen können. Dann malen sie die Steine in den Farben des Regenbogens an.

Mobile: Menschen unterm Regenbogen
Auf einen weißen Fotokarton wird ein Regenbogen gemalt und ausgeschnitten oder aus buntem Tonpapier aufgeklebt.
In der Mitte des oberen Randes wird ein Bindfaden zum Aufhängen befestigt. An den unteren Rand werden Fäden in unterschiedlicher Länge geknüpft. Dann werden aus Tonpapier oder Pappe unterschiedliche Menschen ausgeschnitten und an den Fäden unterm Regenbogen befestigt. Dann kann das Mobile aufgehängt werden.

Collage: Unterm Regenbogen
Auf einen Bogen Papier wird umspannend ein Regenbogen gemalt. Darunter werden Bilder geklebt zu einem bestimmten Thema: Gottes gute Schöpfung oder Menschen unterm Regenbogen ...

Feuer

A 26 Feuer (Mandala)

Das Arbeitsblatt *A 26* stellt in einem Kreis ein Feuer als Mandala-Bild vor, mit dem sich die Kinder zunächst einmal von der Anschauung und der Farbgebung her mit dem Symbol »Feuer« beschäftigen können. Im Anschluss an das Ausmalen sollte im Unterrichtsgespräch geklärt und ausgetauscht werden, welche Gedanken den Kindern beim Anschauen eines Feuers kommen.

Gestaltung der Mitte
- Ein Feuer anzünden (im Freien).
- Aus Tüchern, Holz und Steinen ein Feuer gestalten.
- Bild / Poster eines Feuers.

Bilder malen
Themen, die gemalt werden können:
- Feuer
- Waldbrand
- Mose am brennenden Dornbusch

Fensterbild
Material: Transparentpapier in den Farben Braun, Gelb, Orange, Rot, Klebstoff.
Das Transparentpapier in Schnipsel reißen und dann in Form eines Feuers übereinander kleben. Man kann dieses Fensterbild in einem Rahmen herstellen oder mit leicht lösbarem Klebstoff direkt auf ein Fenster kleben.

Stilleübung
Alle sitzen im Kreis um eine Mitte, die als Feuer gestaltet ist. Alle schauen und entdecken die Mitte.
Während der/die Lehrer/in spricht, werden die Bewegungen mitvollzogen.

Der/Die Lehrer/in spricht:
Warst du schon einmal dabei,
wie ein Feuer entfacht wurde?

Kannst du mit den Händen spielen, wie die Flamme lodert?
Kannst du spielen, wie das Feuer flackert?

Spürst du die Lebendigkeit?
Spürst du die Unruhe?
Spürst du die Kraft?

Feuer lodert und brennt.
Feuer wärmt und glüht.
Feuer verbrennt und vernichtet.

Feuer schlägt Funken und entzündet.
Feuer ist gewaltig und mächtig.
Feuer züngelt.

Das Licht einer Kerze leuchtet und strahlt.
Das Feuer im Ofen knistert und wärmt.
Um das Lagerfeuer kannst du dich versammeln.
Es macht hell und warm.

Das Feuer sagt:
Entzünde mich!
Achte auf mich!
Ich schütze und ich kann zerstören.
Ich wärme und ich kann verbrennen.
Ich leuchte und ich kann glühen.
Ich bin leise und ich kann prasseln.

Schwester Esther Kaufmann

Aus: Der Sonnengesang des Heiligen Franziskus, RPA-Verlag, Landshut 1983.

Feuerspiel mit Tüchern
Alle Mitspieler/innen sind mit roten, gelben und orangen Tüchern ausgestattet. Eine/r erzählt, wie das Feuer

entfacht wird, alle anderen spielen mit den Tüchern nach, wie das Feuer entsteht und zur Glut wieder zusammensinkt.

Lagerfeuer machen
Gemeinsam wird Holz gesucht, aufgeschichtet und dann als Lagerfeuer entzündet. Am Lagerfeuer singen und Geschichten erzählen.

A 27 Feuer (Texte)

In verschiedenen Texten wird auf *A 27* erzählt, welche Bedeutung Feuer für Menschen hat, die mit Rucksack und Zelt unterwegs sind. Es kann sein, dass sich die Kinder in diesen Erzählungen und Texten wiederfinden, wenn sie in einem Zeltlager oder einer Ferienfreizeit schon ein Lagerfeuer erlebt haben. In der Klasse sollte eine Erzählrunde entstehen, in der die Kinder von ihren Erlebnissen mit Feuer erzählen. Eventuell können sie auch einen kleinen Aufsatz dazu schreiben.

Aus Asche ein Bild malen
Material: Holz, Papier zum Verbrennen, Papier zum Malen.
Holz und Papier werden zu einem kleinen Feuer geschichtet und verbrannt. Mit den Fingern wird dann aus der Asche ein Bild gemalt.

Reißbild: Feuer
Material: Braunes, rotes, gelbes und oranges dünnes Papier, großer Bogen weißes Papier, Klebstoff.
Aus dem farbigen Papier kleine Schnipsel reißen. Den Umriss eines Feuers auf dem großen Papierbogen andeuten und in dieser Form mit den Papierschnipseln bekleben.

Feuertanz (freie Improvisation)
Musik: Johann Sebastian Bach, Orchestersulte Nr. 1 C-Dur, 1. Satz, oder eine andere, lebendige Musik.
Tanzbeschreibung:
Alle stehen im Raum verteilt und halten in ihren Händen ein gelbes und ein oranges Tuch. Zur Musik können jetzt in freier Bewegung und Improvisation die Bewegungen des Feuers von der Glut bis zur lodernden Flamme nachgeahmt werden.

Verklanglichung: Feuer

Vorstellung	Verklanglichung
Holz wird zusammengetragen.	*Klanghölzer*
Ein Streichholz wird entzündet.	*Ton einer Triangel*
Eine kleine Flamme entsteht.	*Arpeggio auf den hohen Tönen eines Sopranglockenspieles*
Die Flammen lodern immer höher.	*Das Arpeggio wird von den tieferen Tönen und den anderen Stabspielen (Xylophon und Metallophon) übernommen und immer lauter.*
Das Holz knistert.	*Holzblock und Klanghölzer*
Das Feuer prasselt.	*Rasseln*
Die Flammen werden kleiner.	*Die Arpeggien der Stabspiele werden leiser, ein Instrument nach dem anderen hört auf.*
Glut	*Einzelne verklingende Töne auf dem Glockenspiel.*
Asche	*Reiben mit der Handfläche auf einer Handtrommel.*

A 28 Gott sagt: Ich bin da!

Das Arbeitsblatt *A 28* erzählt in Text und Bild die Erzählung von der Gottesbegegnung des Mose am brennenden Dornbusch. Hier wird das Feuer als Erscheinungsweise und Element Gottes im Alten Testament vorgestellt. Das Feuer, das hier brennt, hat allerdings keine negative Seite: Es brennt und verbrennt doch nicht. Mit dieser Geschichte sollen die Kinder den Namen Gottes »Ich bin da«, der zugleich eine Zusage ist, kennen lernen. Sie sollen den Namen Gottes in die dafür vorgesehene Zeile schreiben und das Bild bunt malen.

Den brennenden Dornbusch gestalten
Material: Dornenzweige, Tücher, kleine Kerzen.
In die Mitte werden auf braune Tücher oder sandfarbene Tücher Dornenzweige gelegt und dazwischen gelbe und orange Tücher verflochten. Die Geschichte vom brennenden Dornbusch wird vorgelesen und dann stellt jede/r Teilnehmer/in ein Licht im Kreis um diese Mitte.

Koffertheater: Mose und der brennende Dornbusch
(Auch als »Tischtheater« möglich. Die Tischplatte ersetzt dann den Kofferboden, die Kinder halten den »Himmel« mit blauen Tüchern dahinter.)
Ein Koffer wird am Boden mit Sand ausgelegt. Dornenzweige als Dornbusch werden hineingesteckt und rote, gelbe und orange Papierschnipsel bereitgehalten für den Zeitpunkt, wenn der Dornbusch brennt. Der innere Deckel des Koffers wird mit himmelblauem Krepppapier und einer Sonne ausgekleidet. Ein Textstreifen mit dem Gottesnamen »Ich bin da« wird bereitgehalten, um bei der Nennung des Namens in den Himmel gehängt zu werden.
Die Figur des Mose wird aus Pfeifenputzern und Stoffresten gebastelt, ebenso die Schafe, die er zu hüten hat. Die Geschichte vom brennenden Dornbusch wird vorgelesen und dann nachgespielt.

A 29 Feuerzungen (Pfingsten)

A 29 stellt eine neutestamentliche »Feuergeschichte« vor, das Pfingstereignis, in dem sich der Heilige Geist wie Feuerzungen auf die Jünger herablässt. Im Unterrichtsgespräch könnten vorher Sprichwörter bzw. Redewendungen zum Thema »Feuer« gesammelt werden wie z. B.: Was bedeutet es wenn jemand »Feuer und Flamme« ist? Oder was heißt es im übertragenen Sinnen, wenn man sagt »Jemand hat Feuer gefangen«? Wenn dann die Pfingstgeschichte gelesen wird, kann man hinterher leichter darüber sprechen, was es bedeutet, wenn man für Jesus »Feuer und Flamme« ist.

A 30 Feuerflamme und Holzscheit

Das Arbeitsblatt *A 30* bietet eine Vorlage zum Erstellen von Feuerflammen und Holzscheiten an, wie sie für die nachfolgenden Collagen und Spiele benötigt werden.

Feuercollage aus Namensflammen
Material: Rotes, gelbes, oranges, braunes Tonpapier, großer Bogen Papier, Klebstoff, Stifte.
Jede/r schneidet sich aus dem bunten Tonpapier eine kleine Flamme und schreibt darauf den eigenen Namen. Auf dem großen Bogen Papier sind braune Streifen Tonpapier als Holzstoß zusammengeklebt worden. Darüber kleben jetzt alle ihre Flammen, so dass ein großes Feuer entsteht.

Gemeinschaftsfeuer
Jede/r erhält ein Holzscheit und schreibt darauf seinen/ihren Namen. Alle Scheite bilden den Grundstock eines Feuers. Zunächst versucht jede/r, sein/ihr Holzscheit anzuzünden. Wenn sie brennen, werden sie zu einem Gemeinschaftsfeuer zusammengelegt. Danach ein Gespräch über die Eigenschaften des Feuers führen.

Falls es nicht möglich ist, ein gemeinsames Feuer zu entfachen, dann kann mit Hilfe der Tonpapier-Flammen und Holzscheite das Gemeinschaftsfeuer dargestellt werden.

Weihnachten

A 31 / A 32 Die vier Kerzen / Das wachsende Licht

Die beiden Arbeitsblätter *A 31* und *A 32* beschäftigen sich mit der Lichtsymbolik des Adventskranzes, dem wachsenden Licht.
A 32 bietet eine Darstellung eines Adventskranzes, der von den Kindern in den ursprünglichen Farben bunt gemalt werden soll. Vorher sollte über die Symbolik des Adventskranzes und seiner Farben gesprochen werden.

Der Adventskranz

Erscheinungsform/ Farbe	Bedeutung
Rund / Kreis	Zeichen der Vollkommenheit
Grüne Zweige	Zeichen der Hoffnung: Gott kommt in die Welt
Rote Kerzen	Rot: Zeichen der Freude und der Liebe; Kerze: Zeichen für Jesus
Lila Schleifen	Zeichen der Umkehrbereitschaft und Buße

In der Zeichnung des Adventskranzes (*A 32*) sind Zeilen vorgesehen, in die die Namen der Kerzen eingetragen werden sollen, die die Geschichte auf dem Arbeitsblatt *A 31* vorschlägt. Diese Geschichte sollte vorgelesen und dabei dann auch die Kerzen entzündet und wieder gelöscht werden. Dann können die Kinder sich mit dem Arbeitsauftrag auf *A 31* beschäftigen, nachdem vorher miteinander darüber gesprochen wurde.

Spiel zur Geschichte
In der Mitte brennen vier Kerzen an einem Adventskranz. Wenn die Kerzen ihre Namen nennen, kommt jemand in den Vordergrund und hält ein Plakat mit dem entsprechenden Namen hoch (Friede / Glaube / Liebe / Hoffnung). Die ersten drei Personen, die zum Kranz treten, löschen jeweils eine Kerze. Wenn eine Kerze verlöscht, wird das entsprechende Plakat gesenkt. Die vierte Person, die zum Kranz tritt, zündet die anderen drei Kerzen an der einen brennenden wieder an. Die Plakate werden wieder hoch gehalten.

Verklanglichung: Wir spielen das wachsende Licht

Vorstellung	Verklanglichung
Es ist dunkel im Raum, ein Adventskranz steht in der Mitte.	*Wir spielen die Dunkelheit mit dumpfen Tönen.*
Die erste Kerze wird entzündet.	*Der Ton einer Triangel ertönt (evtl. eine kleine).*
Die zweite Kerze wird entzündet.	*Eine kleine Cymbel erklingt dazu.*
Die dritte Kerze wird entzündet.	*Ein Glockenkranz kommt dazu.*
Die vierte Kerze wird entzündet.	*Leise Töne auf einem Sopranglockenspiel.*
Die Lichter des Weihnachtsbaums erstrahlen.	*Ein Beckenschlag ertönt und alle anderen hellen Instrumente dazu.*

(Die Vorstellung kann auch real vollzogen werden, etwa zu Beginn eines Gottesdienstes am Heiligen Abend.)

Variation 1:
Man beschränkt sich auf die Lichter des Adventskranzes. Die Lichter werden nach und nach entzündet. Wenn alle Kerzen brennen, spielen die Instrumente langsam weiter. Jetzt wird die Geschichte »Die vier Kerzen« vorgelesen. Immer, wenn eine Kerze verlöscht, hört das entsprechende Instrument auf zu spielen. Dann werden die Kerzen wie in der Geschichte wieder angezündet und dazu verklanglicht.

Variation 2:
Ähnlich kann auch gespielt werden: Licht breitet sich aus, es wird immer heller und heller, bis alles strahlt.
Dieses Spiel kann unabhängig von Advent und Weihnachten eingesetzt werden.

A 33 Menschen im Dunkeln

Das Arbeitsblatt *A 33* greift den alttestamentlichen Text des Jesaja von der Verheißung des Messias auf, hier im Besonderen das Wort »Das Volk, das im Dunkeln lebt, sieht ein helles Licht«. Die Kinder sollen Fotos aus mitgebrachten Zeitungen und Zeitschriften aussuchen und eine Fotocollage erstellen. Dann sollen sie im Unterrichtsgespräch benennen, warum diese Menschen im Dunkeln leben. Sie sollen den Jesajatext laut lesen und das Licht über den Menschen im Dunkeln hell ausmalen. Im Gespräch sollen sie das Weihnachtsgeschehen mit dem Kind, das uns geschenkt ist in Verbindung bringen.

Spiel zu Jesaja 9,1
Die Schüler/innen werden aufgefordert, die Dunkelheit, in der das Volk Israel lebt, mit Tüchern auf dem Boden darzustellen.
Sie versuchen dann, durch ihre Körperhaltungen deutlich zu machen, wie es den Menschen geht, die in diesem Land der Dunkelheit leben müssen: Kopf hängen lassen, zusammenkauern, das Gesicht verbergen.
Sie versuchen, den Menschen im Land der Dunkelheit »Sprache« zu geben, etwa: Ich bin allein. Ich bin traurig. Ich bin verzweifelt ...
Jetzt wird ein gelbes Tuch über die dunklen Tücher gelegt (oder eine brennende Kerze in die Mitte gestellt). Der Text Jesaja 9,1 wird vorgelesen. Alle versuchen, ihre niedergeschlagene Haltung zu verändern in eine Haltung, die Sehnsucht und Hoffnung ausdrückt (Kopf heben, Hände ausstrecken nach dem Licht, nach oben).
Alle versuchen, ihre Sehnsüchte und Hoffnungen zu benennen.

A 34 Der Weihnachtsbaum

Das Arbeitsblatt *A 34* erzählt zu einem Weihnachtsbaum das Weihnachtsgeschehen, wie es bei Lukas vorgestellt wird. Die Kinder sollen den Baum als Lichterbaum ausmalen, damit deutlich wird: Das kleine Licht des Adventskranzes findet seine Erfüllung in der Lichterfülle des Weihnachtsbaums. In den Baum hinein sollen sie das Bild einer Krippe malen.

A 35 Der Weihnachtsstern (Zahlenbild)

Das Arbeitsblatt *A 35* führt ein weiteres weihnachtliches Lichtsymbol ein: Den Weihnachtsstern. In einem Zahlenbild sollen die Kinder hier zunächst den Weihnachtsstern zeichnen und ausmalen.

Weihnachtsstern basteln
Aus Holz wird ein sternförmiger Rahmen in zweifacher Ausfertigung hergestellt. Beide Teile werden dann mit hölzernen Querstreben verbunden. Dann werden die Seiten mit gelbem Transparentpapier verkleidet und der Stern wird mit einer kleinen Birne und einer Batterie am Stab von innen her erleuchtet.

Sternspiel
Material: Ein großer Stern, der an einem Stab getragen werden kann.
Alle sitzen im Kreis. Ein/e Sternträger/in wandert im Kreis umher und bleibt schließlich vor einem/einer im Kreis stehen. Der/Die Mitspieler/in im Kreis fragt: »Stern, du stehst am Himmel und funkelst. Was willst du uns sagen?« Der/Die Sternträger/in antwortet: »Gott schickt mich als Zeichen. Ich soll euch zur Krippe führen, in der der neugeborene König liegt!« Der/Die Mitspieler/in aus dem Kreis schließt sich nun dem/der Sternträger/in an. Sie bleiben vor dem/der nächsten stehen usw.

Stilleübung mit dem Lied: Werde still und staune
(siehe *A 37*)
In der Mitte des Kreises liegt ein Stern aus sechs überkreuzten, 10 bis 15 cm breiten gelben Tuchstreifen. Die Melodie des Liedes »Werde still und staune« wird mehrmals gesummt, bis alle mitsummen können und dann öfter gesungen.
12 der Schüler/innen gehen zu je einem Sternende und heben den Stern langsam in die Höhe. Dann gehen sie zum Lied langsam im Kreis herum. Nach zweimaligem Durchsingen wird der Stern wieder hingelegt und evtl. von einer zweiten Gruppe getanzt.

A 36 Die Sterndeuter

Das Arbeitsblatt *A 36* erzählt die Geschichte von den Sterndeutern, die das Jesuskind in der Krippe finden, weil sie einem Stern folgen, so, wie es uns von Matthäus überliefert worden ist. Die Schüler/innen sollen in das freie Kästchen dazu ein Bild malen. Auch sollte darüber informiert werden, was die »Sternsinger« in den Gemeinden tun, und die Schüler/innen dazu motiviert werden, bei der Sternsingeraktion aktiv mitzumachen.

A 37 Stern über Betlehem

Das Arbeitsblatt *A 37* bietet eine Identifikationsübung zum Thema »Stern über Betlehem« an und das Lied erzählt dazu, was dieser Stern für die Menschen bedeuten kann.
Man dieses Lied singen, indem man sich in einen Kreis stellt. Vorher wurden Plakate angefertigt, auf denen die Worte »Freude«, »Liebe« und »Friede« in großen Buchstaben

geschrieben stehen. Während das Lied gesungen wird, wiegen alle sanft hin und her. In jeder Strophe halten zwei Schüler/innen das entsprechende Wort hoch.

A 38 Eine Wintergeschichte

Das Arbeitsblatt *A 38* (zweiseitig) erzählt eine weihnachtliche Geschichte, in der der Stern einen hartherzigen Mann durch die Begegnung mit dem Jesuskind dazu bewegt, die Wärme, die er für sich beansprucht, mit anderen zu teilen. Diese Geschichte lässt sich anlässlich einer weihnachtlichen Klassen- bzw. Schulfeier gut szenisch darstellen. Eine Möglichkeit als Tischtheater und eine Verklanglichung der Geschichte, die sich mit jeder Darstellung verbinden lässt, sind unten aufgeführt.

Tischtheater
Auf einem Tisch wird aus Watte und Pappe eine Schneelandschaft und das Haus / der Stall ... ausgelegt. Die Figuren (der Mann, der Junge, die Tiere, der Stern) werden gebastelt (aus Pfeifenputzern, dann mit Stoffresten bekleidet, oder aus Papprollen oder aus Knete ...). Dann wird die Handlung auf dem Tisch nachgespielt.

Verklanglichung

Vorstellung	**Verklanglichung**
Mann	*Tiefe Töne auf dem Xylophon.*
Haus	*4 Schläge auf der Holzblocktrommel.*
Ochse	*große Handtrommel*
Kuh	*kleine Handtrommel*
Esel	*Holzröhrentrommel*
Schafe	*Schellenkranz*
Junge	*Hohe Töne auf dem Xylophon.*
Hund	*Klanghölzer*
Schnee/Schneesturm	*Töne im Arpeggio auf dem Metallophon.*
Stern	*Triangel*

Ostern

A 39 Christus, das Licht

Das Arbeitsblatt A 39 führt die Osterkerze als österliches Lichtsymbol ein. Es sollte über die Bedeutung der Osterkerze erzählt werden, auch, dass sie in der Osternacht am Osterfeuer entzündet wird, das zuvor geweiht wurde. Die Osterkerze selbst symbolisiert Christus, das Licht. Der/Die Lehrer/in sollte eine große Osterkerze mit in der Unterricht bringen bzw. einen Unterrichtsgang in eine Kirche machen, in der eine neue Osterkerze steht. Anhand dieser Kerze kann den Kindern die Bedeutung der Symbole auf der Osterkerze erklärt werden, so, wie sie auch auf dem Arbeitsblatt verdeutlicht werden.

Tanz um die Osterkerze
Musik: Adagio aus Georg Philipp Telemann, Konzert für Trompete und Orchester D-Dur.
Tanzbeschreibung:
Alle Tänzer/innen knien im Kreis um die Osterkerze, sie sitzen auf den Fersen, die Hände liegen auf den Knien.
- Alle knien sich langsam gerade hin und stehen langsam auf.
- Alle heben den linken Arm und folgen mit den Augen dem Arm.
- Alle heben den rechten Arm und folgen mit den Augen dem Arm.
- Alle bewegen sich langsam mit erhobenen Armen auf die Mitte, die Osterkerze zu.
- Alle breiten ihre Hände hoch über die Osterkerze.
- Alle gehen zurück zur Kreislinie und umschreiten langsam die Mitte. Dabei drehen sie sich von Zeit zu Zeit um sich selbst.
- Gegen Ende der Musik kommen alle wieder zum Stehen und lassen sich langsam in die Ausgangsposition zurücksinken.

Franz Kett

Aus: Religionspädagogische Praxis 2/1980, RPA-Verlag, Landshut.

Die Osterkerze als Mitte gestalten
Eine Osterkerze steht in der Mitte. Sie bildet den Mittelpunkt eines Bildes, das jetzt von allen gelegt wird. Jede/r ist aufgefordert, aus den Materialien, die zur Verfügung stehen, um die Osterkerze herum ein Bild zu legen, das Aussagen von Ostern beinhaltet (Farbe / Form ...). Mögliche Materialien sind: Tücher, Hölzer, Tuchstreifen, Ringe, Steine, Schachteln, Perlen und Kugeln.

Mit der Osterkerze kann anhand der folgenden Geschichte auch eine Besinnung mit Kerzen durchgeführt werden:

Licht von der Osterkerze
Die Kinder laufen hinter dem Religionslehrer zur Kirche hinüber. »Ich bin gespannt, was er vorhat«, sagt Jakob.
»Beichten üben«, sagt Rudi. »Meine Mutti hat auch schon mit mir beichten geübt. Auf 17 Sünden sind wir gekommen.«
»Der Max hält den Rekord«, sagt Kathi. »59 Sünden, aber viele von der gleichen Sorte natürlich.«
Der Lehrer dreht sich um, schaut die Kinder an und seufzt. »59? Höchste Zeit, dass wir uns darüber unterhalten«, brummt er.
In der Kirche ist es dämmrig dunkel, nur die Osterkerze brennt. Der Lehrer hat viele kleine Kerzen mitgebracht, für jedes Kind eine. Die Kinder zünden ihre Kerzen an der großen Osterkerze an und stellen sie auf die Stufe vor dem Altar. Der Lehrer setzt sich auf den Teppichboden vor der Stufe. Die Kinder setzen sich zu ihm. Sie sehen den brennenden Kerzen zu – und warten. »Diese Kerzen da«, sagt der Lehrer in die Stille hinein, »was tun die eigentlich?«

»Brennen, kommt mir vor«, sagt Rudi. Die Kinder lachen.
»Eine Kerze, die brennt«, sagt der Lehrer, »wozu ist die gut?«
»Sie leuchtet«, sagt Kathi.
»Sie wärmt auch«, sagt Jakob.
»Und eine Kerze, die nicht brennt?«, fragt der Lehrer.
»Die leuchtet und wärmt nicht«, sagt Susi. »Von der hat man nichts. Man muss sie erst anzünden.«
»Stellt euch einmal vor, dass wir solche Kerzen sind«, sagt der Lehrer. »Wir haben unser Licht von Jesus bekommen, so wie unsere Kerzen ihr Licht von der Osterkerze bekommen haben. Wir machen unsere Umgebung hell. Wir geben den Menschen rund um uns Licht und Wärme, wenn wir freundlich, gut und hilfsbereit sind.«
»Leider sind wir das nicht immer«, sagt Rudi.
»Wann geben wir kein Licht und keine Wärme mehr?«, fragt der Lehrer.
»Wenn wir bös waren«, sagt Susi.
»Wann waren wir denn – bös?«, fragt der Lehrer.
»Na – wenn wir gestritten haben zum Beispiel«, sagt Max.
»Hm«, sagt der Lehrer. »Streiten ist manchmal gut und notwendig.«
»Ja, aber gestern hab' ich mit meinem kleinen Bruder gestritten, weil er das größte Stück Kirschenkuchen erwischt hat«, sagt Max. »Ich hab' ihm sein Stück vermiest; sind eh lauter Wurmkirschen, hab' ich gesagt. Da hat's ihm dann gegraust, und er wollt's nicht essen und hat's mir gegeben. Das war bös, nicht?«
»Ja«, sagt der Lehrer. Er beugt sich vor und bläst eine Kerze aus. Max erschrickt. »War das meine Kerze?«
»Das war deine Kerze«, sagt der Lehrer.
Eine Weile sitzen sie ganz still, dann sagt Kathi: »Ich hab' am Sonntag meinen Vati gekränkt. Er wollte mit mir spazieren gehen, denn allein macht's ihm keinen Spaß. Aber ich habe gesagt: Geh allein, ich lese Comics, das ist lustiger als so ein blöder Spaziergang ...«
Der Lehrer bläst die nächste Kerze aus.
»Ich glaub', ich hab' die Kathi geärgert«, sagt Jakob. »Ich hab' schon gewusst, sie will meine neuen Filzstifte ausborgen, aber ich hab' gewartet, bis sie darum bittet. Ich hab' sie fest bitten lassen ...«
»Oh«, sagt Kathi schnell. »Das stimmt, dass ich mich darüber geärgert habe. Aber nicht so arg, dass du jetzt deine Kerze –«
Aber der Lehrer hat die Kerze schon ausgeblasen. Jedes Kind kommt an die Reihe. Jedem Kind fällt ein, was es lieber nicht hätte tun sollen. Manchem fällt auch ein, was es hätte tun müssen. Eine Kerze nach der anderen wird ausgeblasen. Zuletzt brennt nur noch eine kleine Kerze.
»Fehlt einer, oder hab' ich mich verzählt?«, fragt der Lehrer.
»Es ist Ihre Kerze«, sagt Jakob. »Jetzt sind Sie dran!«
Der Lehrer denkt nach. »Vielleicht wisst ihr etwas, womit ich euch gekränkt habe«, sagt er dann.
»Sie haben uns schon sechsmal versprochen, das Buch von David und Goliat mitzubringen«, sagt Kathi. »Aber Sie haben's jedes Mal vergessen.«
»Hm«, sagt der Lehrer. »Aber wenn einer von euch etwas sechsmal vergisst, werd' ich ganz schön grantig! Blast die Kerze aus!« Die Kinder blasen die letzte Kerze aus. Nur die Osterkerze brennt noch.
»Schade«, brummt Rudi. »jetzt ist es ziemlich dunkel hier und kälter als zuerst.«
»Was tun wir jetzt?«, fragt der Lehrer. Die Kinder schweigen.
»Wir brauchen neues Licht für unsere Kerzen«, sagt der Lehrer. »Zum Glück brennt die Osterkerze. Ein Mensch, dem seine Schuld Leid tut, der sie bekennt und dafür um Verzeihung bittet, kann seine Kerze wieder anzünden. Im Sakrament der Buße, bei der Beichte, bekommen wir von Gott neues Licht – so wie wir jetzt unsere Kerzen an der Osterkerze neu anzünden dürfen.«
Die Kinder zünden ihre Kerzen an der großen Kerze an und machen eine kleine Lichterprozession durch die Kirche. »Ich glaub', meine Liste mit den 59 Sünden ist Blödsinn«, sagt Max zum Lehrer. »Ich werde bei der Beichte lieber sagen, was mir Leid tut ...«

Lene Mayer-Skumanz

Aus: Lene Mayer-Skumanz, Jakob und Katharina. Geschichten zum Lesen, Spielen und Weiterdenken, Verlag Herder, Freiburg 13. Auflage 1998.

Die Geschichte wird vorgelesen. Wie die Kinder mit ihrem Lehrer in der Geschichte ihre Lichter anzünden und löschen, wenn sie einen Fehler bekannt haben, so kann es auch in einer kleinen Gruppe geschehen. Hinterher werden die Kerzen an der Osterkerze neu entzündet.

A 40 Osterspiel mit Kerzen

Das Arbeitsblatt *A 40* bietet ein kleines Osterspiel mit Kerzen an, das mit verteilten Rollen um Ostern herum gespielt werden kann.